古文今译·二十六史故事

清

主　编：张
副主编：张

花山文艺出版社
河北冠林数字出版有限公司
河北·石家庄

图书在版编目（CIP）数据

古文今译·二十六史故事．清 / 张宏儒主编．—石家庄：花山文艺出版社，2017.8（2022.4重印）
ISBN 978-7-5511-3655-6

Ⅰ．①古… Ⅱ．①张… Ⅲ．①中国历史—清代—通俗读物 Ⅳ．①K209

中国版本图书馆CIP数据核字(2017)第200838号

书　　名：古文今译·二十六史故事　清
Guwen Jinyi Ershiliushi Gushi Qing
主　　编：张宏儒
副 主 编：张德信

责任编辑：贺　进
特约编辑：张福堂　杜丽敏
责任校对：李　伟
封面设计：崔　海
美术编辑：胡彤亮
出版发行：花山文艺出版社
河北冠林数字出版有限公司
销售热线：0311-88643176
传　　真：0311-88643234
印　　刷：永清县晔盛亚胶印有限公司
经　　销：新华书店
开　　本：890×1240　1/32
印　　张：6
字　　数：124千字
版　　次：2017年8月第1版
2022年4月第2次印刷
书　　号：ISBN 978-7-5511-3655-6
定　　价：25.00元

前言

唐太宗李世民堪称千古一帝，他的论断“以铜为鉴，可正衣冠；以古为鉴，可知兴替；以人为鉴，可明得失”，至今颠扑不破。所以，读史不仅是学人必修，而且早已成风尚，为历朝历代贤达才俊所看重；时至今日，更是普及平民百姓。不了解本国、本民族的历史，茶余饭后无故事，与人交谈无资本，教育子女无底蕴，更无法增强民族自信、文化自信，也难以在生产中传薪播火、创新缔造，难以在生活中得到“诗意与远方”。

自从盘古开天地，三皇五帝到如今，我们中华民族经历了五千多年的历史，在这漫长的岁月里，经历了许许多多的朝代更迭、社会动荡，发生了许许多多的宫廷争斗、民间传奇，记载了英主与忠良如何经天纬地、昏君和奸佞怎样祸国殃民，描述了政治家、思想家、文学家、科学家等怎样以他们的聪明才智，一步步改善着人民群众的生活境地，并推动社会的进步、祖国的强大。为了重现中华文明的辉煌灿烂，为了阅古诫今、汲古益今，我们以历史事件先后为顺序，以朝代更迭为线索，以历代正史为依据，并进行去伪存真、去粗取精，纠正错讹，吸收采用最新最科学的研究成果，积数年之功，编纂出版了这套《古文今译·二十六史故事》丛书，奉献给广大读者。

本丛书以1926年上海锦章书局出版、署名舒屋山人编纂的《精订纲鉴二十六史通俗演义》为底本，特别延请中国社会科学院史学、文学的名家、专家主持历史故事的梳理与考证，有些不实之处亦有增删与纠正；并组织优秀学者作古旧文本的白话翻译，倾力做到信、畅、雅，即忠实正史，出必有凭；叙事晓畅，不艰不涩；行文在浅易中求规范，规范中求文雅，力促读者易读、爱读，尽享阅读的快乐和求知的满足，在快乐满足中把握历史演进，体悟流变真谛。

本套丛书依时间为序，按朝代划分成十册；每册中朝代独立成章，各个朝代中又以重大历史事件、历史人物为题，划分出小节，以求方便读者的多元阅读方式，适应当前生活的快节奏。划分中虽然照顾了篇章多寡，以及每册的页码厚薄，但不同朝代历史存留长短不一，实属难以均衡书册大小之规整。而且，限于底本，民国史也未尽周全，在目待版。特此禀明。

我们正处在一个大变革的新时代，迎接中华民族的伟大复兴不只是一个口号，而是必须要有践行；践行则必须要有丰富的知识作支撑，包括科学的、历史的等诸多领域。可以肯定，这正是这套丛书的编纂、出版初衷。

通读一部中国史，做一个明明白白的中国人；传承中华文明，创新民族文化，需要无数明明白白的中国人。

欲知历代兴亡事，端详尽在此书中。《古文今译·二十六史故事》丛书，期待您的悦读。

张福堂

2017 春三月于闲也斋

目录

清

（1616—1911）

1. 明臣节烈

清世祖顺治自入关以来，东征西讨，造成二百多年的基业[1]。其中圣明平庸的皇帝代代相继，那些昭彰隐晦繁纷交织的事迹，不依照次序述说是不能周详明了的。到了康熙继位，有四位辅政大臣尽心协助料理政务，首先废除了所有内宫的弊端。这道上谕一发，宫廷内外的臣民读了，无不同声颂扬。

康熙元年（1662）三月，平西王吴三桂因缅甸送献明朝桂王朱由榔和亲属到他营下，当即就命令拘禁在特定的屋子里，然后跟爱星阿商议向皇帝请旨处置办法。爱星阿不敢独自议事，而是由吴三桂写奏折呈报皇帝。圣旨下达，对明朝桂王施恩，不作为

[1]清朝自1644年世祖入关，至1911年宣统退位，共历时268年。

俘虏献送，命令将他们就地处死。吴三桂便立即下令将桂王全部亲属二十多人绞死。意料不到的是，桂王年仅十二岁的儿子，却指着吴三桂骂道："我朱家有什么对不起你？上天有知，怎么能让你有好死？"当时，李定国听说缅甸人将桂王献给吴三桂，便率军队追劫，半路上得到桂王被害的消息，向北面大哭，吐血数升，不久便死了。

李定国虽然死了，领导反清复明的还有张煌言、郑成功二人。张煌言隐居在浙江象山南面的南田岛，郑成功则占据着台湾。张煌言时常有信敦促郑成功举兵反清，不料郑成功一病身亡。张煌言得知郑死讯，捶胸顿足，沉痛地说："成功一死，我就没有指望了。"于是，他独自避居深岛，打算与世隔绝。一天，他正在庄前向远处闲望，却看见许多人穿着明朝衣服走到跟前来，向他恭敬施礼。开口便问道："您不就是张煌言先生吗？"张煌言见他们这样问话，很是奇怪，不敢说出自己的真实姓名。来人见他态度犹疑，便说："我们都是明朝的遗民，因为被清朝逼得无地生存，才避难到深岛。现在见清朝的防范放松了，听说先生避居这里，特聚集志同道合的数千人，来请先生出山，同倡义师，恢复明朝。先生莫不是以为我们是清朝派来的奸细，才不敢说出真实姓名吗？"张煌言见来人口口声声讲忠义，句句话都思念明朝，估量不会有欺诈，便跟来人畅谈。来人还说："现在海口有几条大船，船中的志士都在静等跟先生见面，以便订立盟约，共谋复明大业。"张煌言因急于恢复明朝，便同来人到达海口，果然见有几条大船停泊在海岸。张煌言正要上船，忽然从船内出来许多人，都是剃了额发拖着辫子的清兵，他们上前将张煌言捆住。张煌言知道是中计了，便大声呼喊："人的志向不可夺，要杀便杀。"只见岸上诱引张煌言来的人上前截住他的话，说："不可，不可！"便一同上船，乘风解缆，一路顺风，抵达宁波又转到杭州才上岸。清兵将张煌言抬着一直奔向巡抚衙门。浙江巡抚赵廷臣一见张煌言，便百般开导，劝他降清。张煌言坚守忠义，绝不苟且屈服。巡抚无计可施，只得命令兵卒押出去，让他自尽。

2. 罪凶鳌拜

康熙皇帝因为郑芝龙的儿子郑成功据守台湾反清，郑成功死后，他的儿子郑经继承父志仍据台湾，便将郑芝龙和他的三个孩子成恩、世恩、世荫一起斩首。郑芝龙的孙子郑经听说他祖父被杀，虽很愤激，却无办法，只得暂时隐忍，再作打算。这时，康熙在位已经四年，清朝统治稳定了，真是刀枪入库、马放南山，一派升平景象。康熙六年（1667）秋天，鳌拜专断朝政，捏造辅政大臣苏克萨哈藐视皇帝的罪名上奏，将他处死。后又捏造罪状陷害萨哈的子孙，康熙帝未批准，他竟敢挥拳殴打幼主。康熙帝回宫奏报皇太后，皇太后百般劝慰，康熙帝只得隐忍。此时，康熙对鳌拜已经另有打算。过了几个月，便单独召见鳌拜入宫，宣布他结党营私、陷害贤能。鳌拜不服，仍然像过去一样傲慢不驯。康熙喝令侍卫将他拿下，先痛责一顿，然后又派两人拖出再次审讯。让审讯者据实讯问定罪，不得徇私包庇。这两人遵旨，陈奏了鳌拜三十条大罪。皇帝下令将他立即处死。幸亏有二三大臣请求从轻议处，康熙鉴于他是有功的老臣，便将他削去官职收押。康熙惩处鳌拜，当时内外臣僚都认为很英明，不敢胡作非为了。这件事一传开，功高权重的老臣吴三桂等倒觉得心中不安。

3. 吴三桂反清

吴三桂自从投降清朝，顺治皇帝封他为平西王，留他镇守云南，又把他的儿子吴应熊招为十四公主驸马，享受的荣耀真算得第一等了。不料康熙将鳌拜收押，吴便心中惶惶不安，唯恐自己也身蹈覆辙，陷入危机。他便派官员到广东会见尚可喜、去福建会见耿继茂的儿子耿精忠，一同上奏，呈请撤销他们的兵权。这本来只是一种试探，哪知奏折一上，康熙随即批准，并派钦差大臣到各藩办理撤销兵权事宜。吴三桂知道此情后大惊，没想到弄假成真，便向亲信询问："这事该怎么对付呢？"部将马宝说："王爷主见如何？如愿解甲归田，也就罢了。要不然，就应谋自立呀！"吴三桂说："我请撤兵，原是试探皇上心意，不料竟然批准了。等派出的使者回来再议对策吧！"马宝说："我倒请王爷先训练军队、检阅人马，等派出的使者回来，看军心如何，便好行事。"吴三桂当天便登上王爷的官座，一面传告将士和两个女婿都到阅兵场听候命令；一面召集将士，百般激励，说皇帝将他调离藩王的职位，吉凶莫测。众将士被他一片谎言鼓动，众情愤怒，将两个钦差杀害，连巡抚朱国治也一同杀了。吴三桂假意问众人："你们这样胡闹，叫我如何处理？"众将便说："王爷本是明臣，清朝皇帝这样不讲恩情，不如造反，杀到北京，灭除清国，恢复明室，有什么难办？”吴三桂道：“倘若北京派兵来怎么办？”众将大声呼喊：“我们愿以死抗拒！”第二天，吴三桂便向部属传达命令，捏造了一个崇祯皇帝的三太子，建国号大周。并派人到福建、广东约会耿精忠、尚可喜两人，择日带兵前来会合，一同进攻北京。

吴三桂一反，附和的人起兵响应，反对抵制的人便调兵固守。这时，户部员外郎萨穆哈正在贵州办理公事，迎接吴三桂亲属到北京。他一听这个信息，急忙上马，昼夜不停，赶到北京，将这件事奏报皇帝。王大臣惊慌地问：“这事如何办理？”康熙帝说：“吴三桂既反，无论如何是难再听从朝廷命令的。”于是，立即命都统巴尔布、珠满等各率兵三千，由常德、岳州，准备分路进攻云南。

吴三桂既踞云贵等地，也派兵遣将进攻临近各省，攻陷了湖南、四川。耿精忠也从福建率兵由东路攻打浙江各地。只有尚可喜始终侍奉清廷。吴三桂派遣使者联络，不料尚可喜将来使拘禁，把吴三桂的书信呈奏清廷，请派兵援助。吴三桂听说他派的使者被扣留了，大怒。只好送信给耿精忠，令他攻打广东。耿精忠又致书郑经，命他起兵夹攻广东海面。这时，中原动荡不安，南方内地几省一半归附吴三桂，各省告急文件像雪片似的纷纷呈送朝廷。康熙接到这些呈报，立即命贝子[1]、贝勒[2]，大臣、经略使、统领等出兵援救。另外委任亲王喇布为扬威大将军，镇守江南一带。哪知清兵出一路败一路，吴三桂的兵进一路胜一路。清兵不是投降就是归附，反把吴三桂的势力壮大起来。怎么会这样呢？实在是因为满人领兵主将都是皇亲国戚，一旦兵权在手，动不动就摆架子，或是用威力吓人。军队暴乱的时候，用这种手段怎么行得通呢？

康熙在这之前派哲、博两钦差[3]到云南，宣布朝廷谕旨，命吴三桂永久镇守云南，令他停止叛乱撤兵，以免将来惨遭覆灭，追悔不及。吴三桂不从，当时就把两个使者拘禁起来。吴三桂听说陕南军事进展顺利，就派兵分扰陕甘边界，自己率大军出云南，开赴常德、醴陵督战。临行的时候，吴的妻子张氏上前扯住他说："你这样背叛作乱，皇帝一定要将我的儿应熊处死。你要

---

[1]贝子，满语，爵位名，贝勒的复数，在早期满族社会中，贝子是天生贵族的意思。清代颁定宗室爵号，贝子在亲王、郡王、贝勒之下，也以这种称号封蒙古贵族。

[2]贝勒，满语，原为满族贵族称号，复数为贝子。清崇德元年（1636）定封爵称号：置贝勒于亲王、郡王之下。崇德前即指后来的亲王。

[3]哲、博两钦差，博似为傅之误。当时康熙曾派侍郎哲尔肖、学士傅达礼为撤藩使赴云南。

康熙帝玄烨像

还我儿子。”吴三桂被妻子纠缠不放，只好再三劝说解释。无奈女人见识短浅，总不顺从。他只好将拘禁的两个钦差放出，央求他们回京奏报皇帝，他愿跟清兵议和：“如果皇帝不杀我儿子，当即息乱退兵。”两钦差得到释放，像出笼的飞鸟，连声答应，奔回京城去了。吴三桂又派使者到西藏，托达赖喇嘛代为请命，也不外这几句话。康熙听到了呈报也很焦急，又得到哲、博两使的奏折和喇嘛的陈文，内心格外惶惶不安，便召开王大臣会议。

这时，大学士明珠上前奏道：“吴三桂不除掉，终究是祸患，奴才听说西洋人南怀仁[1]善造火炮，比我国所造的炮更加精良，而且还轻便。”康熙说：“南怀仁不是现任钦天监的副监官[2]吗？”明珠回答说，就是他。于是，皇帝指示户部拨发白银，令南怀仁招募西人赶造，不得延误。随即便将吴三桂的儿子吴应熊以及吴应熊的儿子吴世霖一同处死。吴三桂既放了清廷的使者，实指望使者回报皇帝，康熙一定会允准他的请求。他统率

---

[1]南怀仁（Ferdimand Verbiest 1623—1688），比利时人，天主教耶稣会传教士。顺治十六年（1659）来华。初在陕西传教，次年到北京。后以汤若望案下狱，释放后幽居北京。康熙七年（1668）被起用。管理钦天监监务，制造天文仪器，监铸大炮，著有《数要序论》《康熙永年历法》等书。

[2]明清设钦天监，由正监、副监主持观察天家、计算节气、历法等事务。

的一些将士有请求渡江北上的，有请求直攻京城的，吴三桂都不听从。等到听说他的儿子应熊和孙子世霖都被杀了，便大发雷霆，怒不可止。于是留七万兵士守岳州、澧陵等重要口岸，分兵数万把守湘、赣等地的重要据点，自己便率大队人马由陕西进兵，打算直攻北京。吴三桂所部到达松滋，正要派遣将领攻打郧阳，探马忽然报告：平凉失守，王辅臣投降清朝。吴三桂听到报告大惊。忽然又有报道：留驻长沙的夏相国乞求援助。吴三桂问长沙为什么会告急？来人就把清廷如何运去大炮、由安亲王岳乐统率、眼下正在进攻湖南的情况一一奏报了。吴三桂说："这样急迫的情况，我不能不回救湖南。"在回兵途中得到汇报，所有江湖要塞都被清兵占领了。

4. 骁将高大节

安亲王岳乐奉命南征，将要到达江西建昌，正当清军攻打白显忠据守的城池。岳乐督战，未能攻下。后来从北京运来大炮，立即连续攻城，白显忠十分恐惧，弃城逃走。于是，清军攻下了广信、饶州，接着便进兵湖南。一路攻取袁州，逼进湖南醴陵。探马忽然报告："敌将高大节领兵由小路进攻袁州了。"岳乐说："袁州是我们的后路，倘若被截住，我们就无退路了。"随后又有报道："吴三桂的将领夏相国由前路来到了醴陵。"岳乐道："前有来将，后有敌兵，我们不能不退呀！"当即传令退兵。后撤大约一百里，天色已晚，见前面有一座大山，岳乐立即下令："就在这里扎营，明天再走。"刚刚扎好营，忽然听到山上炮声轰响。岳乐忙派人侦察这座山叫什么名字，回报说是螺丝山，山势弯弯曲曲，像螺丝一样。不知道山上有多少兵马，只见他们都打着大周旗号。岳乐说：“不用管他，你们用大炮向山上攻击吧！”一连轰击了几十发炮弹，旗帜打倒了不少，却没有一点动静。岳乐这才说：“不好了，我们中了敌人的疑兵计。”急忙命军士将大炮抬回，不再施放。他刚要进营帐，只见山上跑来一匹马，奔到他面前大声喊叫：“岳乐哪里走！”岳乐还在山下瞭望，忽然看见一匹马跑来，吓得魂不附体，拍马就逃。军士见主将逃走，立即陷入混乱，辨不清道路，向四处溃散，自相践踏。岳乐逃过螺丝山，见没有追兵，心中才稍微安定。这时，天色已明亮，便收拾残兵，奔回袁州。一到城下，看到都是大周旗号。他正疑惑不解，却听到四面的呐喊声，岳乐登高一看，正是敌兵在追杀清兵。他赶紧整理队伍，上前营救。敌将正在杀得高兴，忽见后面军队纷纷奔溃。不过，那个敌将很厉害，岳乐料定不能取胜，便领兵杀出。向他方逃奔。那个敌将也没有追赶，就收兵入城了。

原来杀清兵的将领就是高大节，岳乐经过这次败仗才知道了高大节的厉害。他感到这个人久留江西，不是好事。他孤军难恃，便跟喇布会合，一同开到南昌去了。不料后来高大节被胡国柱的副将韩大任害死。高大节既死，袁州就被喇布占据。这并不是喇布的本领大，可以说是托了康熙皇帝的洪福。从此以后，各地便渐渐稳定了。

5. 三藩覆灭

广州的尚可喜因郑经由台湾率兵攻打，急忙派他的儿子尚之信前去抗拒，哪知尚之信不遵父训，背叛了清朝，反而让部将把他父亲拘押起来。尚可喜非常气愤，呕血数升而死。尚之信见父亲已死，更加无所顾忌，就跟吴三桂联合。

吴三桂封尚之信为辅德亲王，命令他筹款助饷。尚之信听到吴三桂的安排，就说："三桂是想来限制约束我呀！"急忙跟他的部将们商议，决定仍旧归降清朝。于是，便将吴三桂派来的官员全部拘禁起来。一面率军民按清廷的服饰规格剃发留辫，反叛吴三桂；一面出兵，西拒马雄，东抗耿精忠。耿精忠正要跟他交战，却听到探报，说清兵已进入浙江西南部的仙霞关了。急忙率军退回湖南。半路上又听说曾养性、白显忠统统都已投降清朝。等到赶回福州，又得知清兵将要开到，建宁、延平等地的守军也都已归降清朝。耿精忠经受这样的惊吓，竟晕倒了。身边的人将他救醒，老半天他才说："这一下全完了！"等他安定之后，他的随从才送上一封信，拆开一看，正是清朝康亲王写来的劝降书，长达数百字。

耿精忠心里暗想：投降是不好，不降又敌不过清兵，怎么是好呢？沉思半天，想出一条计谋。他一面派儿子到延平去迎接清军，一面将总督范承谟绞死。为什么这样做？就因为他要降清，唯恐范承谟揭发他的劣迹。康亲王接到耿精忠的信，便率部开进福州，耿精忠带领一班文官武将把康亲王迎进了城。康亲王令他立功赎罪，并把收降的情况奏报皇上。尚之信也派人到喇布军前乞求投降。喇布便把这些情况据实上报朝廷。康熙鉴于吴三桂还没有投降，对于这些降将也不追究罪责。只是颁发谕旨，命令他们依旧承袭王位，立功赎罪。

浙江、福建、广东的反清活动先后平息，现在只剩下广西一省还不安宁。广西守将孙延龄本来是孔有德的女婿，孔有德一家遭难，家破人亡，只留下一个女儿，孤苦伶仃，蒙太后把她留养宫中，享受郡主的待遇。后来嫁给孙延龄为妻，便随孙延龄镇守广西。没料到，孙延龄受吴三桂煽惑，背叛清朝，降附吴三桂，被封为临江王。孙延龄对于降吴的事，起初还瞒着郡主。后来，郡主知道了，劝他归附清廷，他不答应。现在听说各地都已投降清朝，内心焦惶不安，思前想后，无计可施，只好请求郡主庇护，希望能减轻罪责。他退入后堂，不免感到羞愧。无可奈何，只好向郡主要求宽恕过失，他说："前些时实在是我太愚昧，如今后悔不及，希望郡主稍加维护，虽死也感激不尽。"说罢，泪流满面。郡主见他这种样子，于心不忍，就进京向太后为他求情。谁知他这种反复态度，已被吴三桂察知，派从孙吴世琮，将孙延龄诱杀。

吴三桂自反清以来，已经五年。康熙十三年（1674）假借明代年号，以立崇祯之后为名，其实是称周国。他内心是早有称帝念头的。到康熙十七年（1678），便在衡州筑土设坛，祭告天地，自称大周皇帝，年号昭武。由于他恶贯满盈，该受上天惩罚，即位之时受了一点风寒，竟致一病不起，康熙十八年（1679）春天死去。

吴三桂临死，曾对夏国相等留下遗嘱，要他们辅佐太孙吴世璠继位。夏国相等秘不发丧，暗中派人到云南迎请吴世璠来衡州即位。百官叩贺，改元洪化。至此才颁发哀诏，布告百姓。这时，清兵听说吴三桂已死，人人精神奋发，都想讨伐立功。安亲王岳乐、简亲王喇布各自统率大军开进湖南，攻克岳州、常德。只有顺承郡王勒尔锦常驻荆州，在吴三桂未死之前，他按兵不动，连头也不敢出；这时听说吴三桂已经死了，他就张狂起来，大着胆子率兵渡过长江，攻打长沙，直逼衡州。夏国相等看到这种情况，哪里还敢迎战，只好弃城而走。吴世琮在陕西也被将军莽依图打死。这时，四川、陕西汉中都已被清军收复，大周国吴世璠的地盘几乎都被清兵占领，眼下所剩的只有云、贵两省了。

康熙帝见各处虽然频频报捷，总是不能平息反清活动，认为是将领不肯效命，便传旨把他们一律调回治罪。另派贝子、贝勒、都统、将军统率大军，由四川、湖南、福建、广东进兵云南、贵州，直捣周国的老巢。周兵见清军大队云集，吓得魂不附体，纵然勉强迎战，跟清兵一照面就溃逃了。至此，吴世璠又丢失了贵州。

到康熙二十年（1681）十月间，城中粮食用尽，军心涣散。城中守将方志球暗中勾结清朝的督军蔡毓荣，放蔡军入城。于是，各路清兵继进，将周朝文臣武将统统擒获，兵士溃散。吴世璠见周国即亡，就悬梁自尽了。所俘虏的兵将，解送京师处置。至于那些先降后叛的藩将，也一律押往京城问罪。各路清朝将领见大功告成，也都先后班师凯旋。

三藩既平，中国十八省和东三省都属于大清国版图，只剩下台湾一岛还被郑经占据。后来郑经病死，他的儿子继位，直到康熙二十三年（1684）才亡。

6. 康熙传位

康熙既已平定了国内反清活动，又想征服入侵边境的外邦，决定先从俄国着手。于是命令都统郎坦侦探俄国城堡的虚实，然后出兵。直到康熙二十八年（1689），中俄才订立条约[1]，归于和好。二十九年（1690），清兵出长城攻蒙古三部，康熙亲征往返三次，到三十年（1691），内蒙古部分归附清朝。三十六年（1697），康熙立允礽为太子，至五十一年（1712），他又将允礽废黜，决意不立太子。众多皇子及王大臣不知道皇上是何用意。

到了六十一年（1722），康熙已经六十九岁了。大学士、九卿等朝官正打算明年为圣上祝贺七十大寿、预备大庆典礼。谁知人有旦夕祸福，康熙竟生起病来，而且日渐沉重，服药无效。

---

[1]这里所说的条约即1689年中俄订立的《尼布楚条约》。条约规定中俄以额尔古纳河、格尔必齐河为界，再由格尔必齐河源顺外兴安岭往东直到海边。岭南属中国，岭北属俄国。乌第河和外兴安岭之间地方暂定存放另议。条约并规定：自签约之日起，两国人民持有护照者，可过界来往，并许互相贸易。

一天，康熙到畅春园，众皇子都随驾前往。过了几天，皇帝的病更重了，他便召隆科多入内室，命他传召十四皇子到内室来。只是这时康熙的舌头已经僵涩，说出“十”字便停住，又说出“四子”二字，隆科多出来，立即派宫中太监去请皇四子胤禛。次日晨，四皇子到畅春园，见过母舅隆科多，便到内室给康熙请安。康熙见他到来，手指着他说道：“好，好！”只这两个字，便一命归天了。众皇子一齐痛哭。隆科多说：“请诸位阿哥收泪节哀，听读遗诏。”便读道：“皇四子人品贵重，处事果断，很有像我之处，必能继承大统。由他继承皇位。”皇四子随即便继承了帝位，然后完全遵照祖宗规章办理丧事。康熙在位六十一年，由四皇子胤禛即位主丧。次年改元雍正[1]。

7. 雍正薄情

雍正皇帝登基后，便召王大臣文武官员入宫。王大臣等到了宫内，见雍正南面高坐，忽然告谕众臣说：“皇父在世时，直到晚年王储地位一直未定，他心中时常为此不宁。我现在想，公开预立王储，恐怕他们兄弟争夺，弄出大祸。我想出一条计谋，打算将拟定皇储的诏书，由我亲自写好密封，藏在匣子里，放到正大光明殿匾额后面，可好吗？”王大臣道：“臣

---

[1]爱新觉罗·胤禛（1678—1735），康熙帝的第四子，继位后年号雍正，在位十三年（1723—1735）。

等怎敢随便议论这样重大的事。”于是，雍正命诸位臣子退出，只留总理事务大臣（领班大臣），自己密写太子的名字，封藏匣内。命令内宫的侍从太监登梯子上去，将这个匣子悬放在乾清宫正大光明匾额后面。后来雍正去世，打开匣子，立即知道了他早已立定的王储。

雍正元年（1723）忽然接到四川总督年羹尧八百里紧急禀报：青海造反。青海位于西藏东北，当时青海首领罗卜藏丹津自号“达赖浑台吉”，想要独立，脱离与清朝的关系，暗中约请策妄阿拉布坦作后援，举兵反清。兵部侍郎常寿由青海奔回京城奏报。雍正只认为是青海内部的纷争，仍命常寿前去调停。常寿一到达青海，便被罗卜藏丹津拘留。四川总督年羹尧听到情报急忙奏告皇上。雍正立即命年羹尧为抚远大将军，提督岳钟琪为奋威将军，共同率兵前往讨伐。兵分两路，迅猛前进，势如破竹，杀了上万人，一直逼到青海境内。罗卜藏丹津听到清兵进展的消息，大为吃惊，送还了扣留的清使，上书请罪。清廷不准，催令年羹尧继续进兵。岳钟琪呈报说：“青海面积辽阔，叛军人数不多。我军四面合攻，贼兵一个也逃不了。”年羹尧同意。果然在雍正二年（1724）五月，把青海的叛乱平定了。年、岳二将军奏报胜利，撤回兵马，到北京领功。

雍正本是个刻薄狠毒的皇帝，他见到外患已经平定，就唯恐国内发生事变，于是想出一条毒计，打算把功高权重的大臣统统清除。他先把两个兄长允禩（sì）、允禟贝子用捏造的种种罪名，予以拘禁。并将为他策划取得帝位的人都统统处死，免

清代人物长颈瓶

得日后泄漏他的密谋。大将年羹尧因为少年时代受皇帝扶持，再加上功高势大，不免骄傲任性。突然有一天，雍正下了一道圣旨，把他降为杭州将军，又连降他十八级，罚他守城门，严加看守。有些王大臣看到这种势头，也落井下石，把他的言行编排成为九十二条罪状，奏明皇上。雍正就把他处死。哪知督察院事先就弹劾了隆科多包庇年羹尧，奏陈他犯了十恶不赦的重罪。雍正据此颁发圣旨，处死隆科多，但不株连其他人。然而，后来还是有许多文臣武将，稍微有点嫌疑都受到连累。雍正既将这一伙人惩办，便觉得心满意足了。世上没有比这种人更薄情寡义的！

雍正四年至九年（1726—1731），苗族人不服从清政府的统治。镶黄旗的鄂尔泰费尽苦心，才使苗族人民服从，这样就把苗族居住的两千多里的领域，归入大清的统治范围。到了雍正十三年（1735年），苗族人又发生了变故。鄂尔泰由于苗人再次反叛，心中也自感不安。有一天，他正在家里吃晚饭，忽见宫中太监奔来报告，说皇帝得了暴病，请大人立即进宫。鄂尔泰急忙进宫，正好皇后也已到了。鄂尔泰上前揭皇帝床边的御帐，不觉“哎呀”一声，急忙把帐子放下。当时，庄亲王、果亲王都到了，一面商议办理后事，一面请太子继位。于是，将那个匣子取下，打开一看，当即宣读。写的是这样一句话：“皇四子弘历继朕登位。”这时，皇子弘历等都已入宫奔丧。随即遵照遗诏，命令庄亲王率大臣等侍奉弘历即位。次年改元乾隆，这便是清朝的高宗皇帝[1]。

8. 乾隆仁德

乾隆即位后，朝政宽厚平实，皇室的人因故被拘禁的，一律释放。封允禩等为公爵。他自己的同母兄弟都封为亲王。在朝王大臣和外省官员都提升一级，对于过去的老臣和心腹都加功授勋。一般官吏和小民都称颂当今皇帝仁德。只是由于云南苗族又有反清活动发生，未能及时平定，才召回张照哈等治罪。另外授给张广泗七省经略的官职，统辖各路军马，选择吉日发兵直抵苗民居住地区。经过两个月，苗族地区就平定了。

这时国内一片太平景象，乾隆停息武力征讨，崇尚文治。四方境外的民族和八面荒僻的地区都来进贡称臣。直到乾隆六十年，他总结人生富贵荣华的各种处境和享受，没有哪一件没有做到，也没有哪一件没有想到。直到有一天，乾隆忽然召见各位王大臣入内宫，向他们宣称，打算把帝位传给太子，自称太上皇。王大臣们没有什么惊慌和疑惑，只不过请求他暂缓归政。乾隆又开导教诲大家一番，他说："我遵守先皇遗法，已将太子的名字密藏在正大光明匾后了。"当即命宫内太监取下，打开匣子一看，乃是皇四子颙琰（yóng yǎn）。就扶他继帝位，决定明年改

---

[1]清高宗，即爱新觉罗·弘历（1711—1799），年号乾隆，1736年至1796年在位。

乾隆皇帝弘历像

元嘉庆。

乾隆虽说已将帝位让给太子，但仍然掌握大权，唯恐一下子交卸了权力，会违背旧有的制度。后来见嘉庆帝[1]天资聪慧、通达事理，温恭谦让，对于礼制特别尊崇，乾隆便决定归政。嘉庆元年（1796）元旦，举行了归政典礼。王大臣率领其他大臣、文武百官都上表恭贺。随即颁行了太上皇的传位谕旨，并在全国实行大赦。

9. 白莲教

嘉庆元年（1796）四月，太上皇开千秋宴。正在热闹的时候，忽然太监送来湖北提督的奏折，报告枝江、宜都两县境内白莲教徒聂杰人、刘盛鸣等聚众闹事，请求派兵进剿。嘉庆看了奏折，立即敕令湖北巡抚惠龄专办剿抚事务。谁知告警的奏疏、表章像雪花一样不断，其中有林之华起事于当阳、姚之富崛起在襄阳、齐王氏举事在保康，同时跟着起来的约有几十个州县。白莲教的声势几乎遍及湖北全省。嘉庆皇帝十分惊慌，急忙进宫禀告太上皇。太上皇斟酌后传旨：命西安将军恒瑞率兵到丹阳进剿林之华，都统永保等进剿姚之富、齐王氏。枝江的白莲教则由湖广总督毕沅、湖北巡抚惠龄剿办。各路将军领兵进发，数月后，先

---

[1]嘉庆帝，即爱新觉罗·颙琰（1760—1820），年号嘉庆，1796年至1820年在位。

后奏报取得胜利，杀了教民数万。白莲教徒聂杰人被总兵富志擒获，但余众反而更加激烈地反抗官府。

白莲教由来久远，元末有韩林儿，明代有徐鸿儒。后遭镇压，但并未彻底歼灭，所以日后又重新活动。乾隆年间，安徽人刘松是白莲教首领，被官方抓住，徒众流亡到甘肃。另有未被捕获的徒众刘之协、宋之清等分别到四川、陕西、湖北一带传教，不过是为了骗取钱财。到了乾隆晚年，教徒竟发展到三百多万。他们造谣说："清朝鸿运已过，劫运将来，现在真命天子已经出世。你们若要免祸去灾，必须访求真命天子保护。"老百姓听说，都请求刘之协把真命天子指出来。刘之协就将他的同党，一个姓王的儿子发生，冒充明朝皇室后裔，指为天子。然后广泛召集党羽，各处劝募钱财，制作旗子，制造武器，择定日期准备起事。

后来被官兵知道了，将那一伙人和王发生一起抓起来。刘之协用钱贿通押解的官兵，半路被放走，只把王发生解送到京城。乾隆见他还未成年，便将他充军，其余徒众都杀了。然后乾隆就传旨令各地大力搜索刘之协。这道圣旨一下，地方官正好乘机掳掠骚扰百姓。四方的老百姓不甘受苦，数十州县的激愤群众，一起造反，抢州州破，攻县县灭。四川达州的徐天德与太平县的王三槐等聚合群众造反，弄得清朝的南方半壁江山岌岌可危，告急奏章纷纷呈送到了京城。

嘉庆皇帝见了很是焦虑，扼腕叹息。他立即命令内务府大臣额勒登、将军保明亮等先后带兵，去剿平暴乱。令额勒登、保明亮一路急驰达州，一路赶赴湖北，专管剿办白莲教事务。又责令各省总督、巡抚、将军、都统等会同剿办。如果再无功绩，立即捉拿问罪。这道谕旨下达后，各路统兵将帅都认真行动起来，有的主张分剿，有的建议合攻，议论纷纷，难以统一。这时，将军明亮、都统德楞泰率兵接连打败徐天德、王三槐等部；四川中部的乡勇罗思举配合清兵出击，先后杀了白莲教徒数万人，白莲教气势大为衰落。没想到又有河南的大股白莲教徒分道进入四川，徐天德部白莲教又重振声势，会合齐王氏、姚之富等部众，将清将明亮、德楞泰、惠龄、恒瑞等打得东逃西奔。白莲教头目准备乘胜向北进击，遇清朝总兵王文雄带领三千劲旅奋力还击，白莲教徒才向后退却。齐王氏部退向东南，又由山阳去了湖北。明亮等得知消息，率兵追赶，到达郧西地界，一面快速命令郧西乡勇截击，一面悬赏齐王氏的人头。

这时正好四川东乡县的乡勇罗思举、桂涵投入清军兵营，受命去斩齐王氏。罗思举是一个智勇双全、胆量谋略出众的人，他受命后就率桂涵等攻下了王三槐的据点。桂涵以前曾经是大盗，能飞檐走壁，日行百里。他听说清军招募士兵，才跟罗思举投营当兵，且一入营就立了大功。他们探知齐王氏住在大寺里，二人就在夜间改换装束，使用飞檐走壁功夫，直接进入寺内，俯伏在屋上。看见室外护卫的人很多，不便下去，就将瓦揭掉两层，往下一看，他们的位置正对着齐王氏的卧室。但室外的人仍然没有散去，他二人不想耐心久等，即沿着屋檐下到卧室，走近床前，手执大斧向帐子里砍去。忽见帐子里一个飞脚踢出来，直踢向桂涵的双眼。幸亏躲得快，未被踢着。他又抡起斧头砍过去，剁下一只女人脚。只听“哎呀”一声，他二人怕惊动外面的人，自己不能逃出室外，就提着那只脚出了房门，又腾飞上屋，回营去了。这时，天已大亮，他们把那只脚呈给明亮献功。明亮检验完毕，立即传令快速进攻。

当时，齐王氏被人削去了一只脚，正在床上昏卧，听说清兵大队人马开来，就命令姚之富的部众抬着她逃走。姚之富在前面开路，冲出重围，逃入了山林。这一天的战斗，杀死白莲教众八九千人，还抓住了一个叫王如美的头目。对于这个头目，清兵并不处死，而是好言好语劝慰，让他指出白莲教徒的聚集地址。明亮等人带着王如美登高瞭望，王如美说教众驻在左山，明亮就下令向左山猛攻。又怕右山有教众支援，就由德楞泰率先攻进去，他左手执盾牌，右手提刀，迈步冲锋，兵士也紧跟在后面。这一场冲杀好像宋朝的岳飞大破朱仙镇一样，杀得白莲教徒无路可逃，只好向山崖退去。谁知那山崖是悬崖绝壁，掉下去便是死亡。齐王氏已是独脚，结果跌下去摔死了。左山的教众被杀得一个不留。这就清除了齐王氏、姚之富为首的那一股白莲教众。明亮命令清兵将齐王氏和姚之富的尸体捡出来，分解尸首、割下头颅，把消息传知各省。

人们以为白莲教的头目被杀，从此一定可以把教众起义平伏了。偏偏是死一个又生一个，死两个又生一双，竟弄得年年不得太平。白莲教头目王三槐、徐天德不久前被罗思举率领乡勇捣毁了据点，狼狈出逃以后，齐王氏等部的教众又活跃起来。现在齐王氏、姚之富已经被杀，王、徐所部教众觉得势力孤单。眼下听说四川道台刘清奉四川总督勒保的命令前来招抚他们，心里也愿意投降。为什么刘道台一出面，王三槐便愿意降伏呢？这是因为刘道台以前当过南充县知县，那里百姓都称他是“刘青天”，人人佩服。再说勒保以前剿灭教徒时，本是一个蛮寨的女子帮了他的忙，他就冒领别人的功，谎报皇上。皇上不知，以为真是勒保的本领，所以任命他为四川总督。哪知川中白莲教众格外强悍，勒保率兵进剿，竟被王三槐所部杀得大败，束手无策。勒保部下有一个起草文稿函札的先生替他想了一条计，他说：“现任建昌道的刘清，老百姓都很佩服他，让他去招降王三槐。三槐若来，将他逮住，押送京城，岂不是你大帅的功劳吗？”勒保听从他的计谋，便派刘清前去招降王三槐。

刘清奉命带了两个随员前往，一个是替刘清办理文书函札的，一个是勒保的下属。王三槐听说刘青天到寨子里来，赶忙跪拜迎接。刘清把招抚的话说了一遍，王三槐怕川督是派刘来诱捕教众的，所以没有立即应允。刘清往返三趟，并且将随员留下作人质，王三槐才答应。他随着刘清出寨子，教徒们一向信任刘清，因此也不加阻挡。王三槐来到清军大营，由刘清引入。勒保故意摆出威武的架势，喝令将王三槐拿下。刘清一见便上前说：“大帅用这种办法，那两个充人质的随员怎么办呢？”勒保大声吼道：“王三槐是白莲教头目，已是不能赦免的人，两个随员有什么要紧？”刘清不能抗辩，叹息悔恨而归。

一天，刘清押在白莲教那边的随员刘星渠忽然逃回了。刘清问他逃回的原因和经过。他答道："教众见王三槐没有回寨，就打算让我们偿命。我们没办法，只得哄骗他们，说勒保要重用王三槐，暂时留住了。教众们将信将疑。我说愿意前去代为探访信息，教众知道我是大人身边的人，所以没有阻挡。勒保那边的那位都司也要同来，被教徒留下了。倘若勒公不守信用变了卦，他的这位属员就性命难保了。"刘清说："他既失言不守信用，我也不能在这里待下去了。"于是，写了辞职的呈文，派人送给勒保，自己带了文件，匆忙离去。过了几天，皇帝颁下谕旨，给勒保升官加衔。勒保一面将王三槐押送京城，交刑部治罪；一面进兵攻打白莲教余党。当时，教众们见王三槐已被清廷问罪，就推举冷天禄为首领，继续抗击官兵。官兵昼夜攻打不停，冷天禄眼看自己的粮食快吃完了，便假装投降，夜间却袭击清兵营垒。清兵没有防备，被杀得大败而退。勒保又想招降，可教众们这一次再也不上当了。

10. 和珅伏诛

嘉庆四年（1799）正月，太上皇忽然得病，医治无效，不久便病逝了。乾隆皇帝由二十五岁继皇位，在位六十年，观政三年，到临终共八十九年。嘉庆帝捶胸大哭，过了几天，命令军机大臣起草了一道上谕，颁发给各省的将帅。各省将士接到圣旨都觉得比以往的谕旨要严厉得多，每个文官武将都有些恐惧。有一天忽然下了一道谕旨，命令捉拿大学士和珅（shēn），交刑部议论擅权专横的大罪。原来嘉庆皇帝一向痛恨和珅，因为太上皇在世，大臣和皇帝不便上书斥责他。如今太上皇已经死了，许多官员都上疏数说和珅的卑劣行迹，共列了二十条大罪。嘉庆一见这些奏疏，立即传旨赐他自尽。所有经和珅荐举引用的官员人等一律革职。处死和珅以后，就传旨提王三槐由皇帝亲自审讯。王三槐只供了“官逼民反”四个字，其余的话就没了。嘉庆帝再三讯问，也只这四个字。嘉庆说：“难道四川官吏连一个好的也没有吗？”王三槐答：“只有一个刘青天。”嘉庆问：“哪个刘青天？”王三槐说：“现任建昌道刘清。”嘉庆又问：“其余人就没有好的了吗？”王三槐答：“巴县老爷赵华、渠县老爷吴桂虽不及刘青天，也算是好官。”嘉庆听了他的话，叹息一声，就将王三槐关入监狱。嘉庆经过审讯王三槐，立即下了整顿吏治的谕旨。京城和地方官吏接旨后，才知道皇帝平日留心政治，对于所有统兵将帅虽不能完全撤换，总是渐渐地作了些变更。

自此以后，嘉庆每颁一道谕旨，都雷厉风行，所有官吏都谨慎遵守，不敢再像过去那样懈怠了。各省领兵将帅也都振作精神。只有勒保因冒功受奖得以掌握大权，常是让人家打先锋，自己从中获取渔人之利。这一次额勒登保一支人马斩杀了冷天禄，德楞泰所部与徐天德相持不下，明亮率兵在陕西境内追逐，没有取得全胜，而勒保总是见到白莲教就胆怯，按兵不动。他这种态度被新上任的湖广总督楼什布向朝廷参奏了一本。嘉庆皇帝看了奏折大怒，立即派官员前往捉拿勒保回京治罪，他所管辖的事务，由明亮代理。后来因为明亮剿杀白莲教未建功绩，又跟永保互相攻讦，于是把他们两个都逮送京城审讯。明亮的职务，命令额勒登保代任。额勒登保接任后，施展他平日的用兵才华和谋略，统筹全局，向东发兵，向西进剿，大张声势。这时，正当德楞泰追逐徐天德，半路跟另一支白莲教众高均德部相遇，德楞泰率部冲击，将高均德抓住杀掉。消息上奏朝廷，圣旨下达，授德楞泰为参赞军务大臣。但是，高均德死了，又有冉天元奋起抗官，也被德楞泰斩杀。其余白莲教首领王廷诏、徐天德、樊人杰等也在嘉庆六年（1801）先后被擒获，遭到杀害。到嘉庆九年（1804），白莲教起义才算平定了。

11. 东南海寇

西北平定，东南的海寇又骚扰作乱。乾隆末年，安南的阮光平父子窃踞该国王位，国内财政拮据，他想了个主意，召集沿海的盗贼，给他们封官授爵，要他们在海上抢劫过往的商船，以补充安南的开支。这样一来，海寇骚扰一天比一天猖獗，海贼的胆子越来越大，不仅劫夺商船，还想上岸抢掠。浙江定海总兵李长庚，生长在福建海滨，对于海上的险礁要地都很熟悉，为人忠实勇敢，受人钦佩。

有一天他得到报告，便率领三镇的水师出海追剿盗贼。那一天飓风狂虐，雷雨交加，海盗的艇船有一多半被风浪撞沉。那些偷偷逃上岸的人也被清朝兵士全部搜捕，一个不漏。被捕捉的人中有四个头目，他们佩带有安南总兵的大印，李长庚大怒，把印摘下，将四人杀死。然后写好公文送到安南，将大印也一并送还。正碰上安南国发生内乱，原广南王的后裔阮福映自暹罗返回

扬旗贼溃

故国，灭了阮光平，恢复了原先的统治。阮福映见到清朝送来的文书，害怕清政府派兵问罪，就一面声明这种事是阮光平父子干的，一面备好文书向清朝进贡。

嘉庆见到文书，也不愿把安南前朝的罪过归咎于新主，就封阮福映为越南王，命他严惩海上的盗贼。阮福映接旨，表示要遵照办理。但海寇一时难以消灭干净。其中有两个为首的，一个叫蔡牵，另一个叫朱濆（pēn），他们号召海寇以福建沿海口岸做出没的根据地。又勾结大陆上的白莲教，暗中接济他们枪械，万分猖狂。清朝官兵都无法对付，只有李长庚还能跟他们对战。嘉庆认为李长庚忠勇可嘉，把他提升为福建提督，后来又调往浙江任提督。他跟浙江巡抚也相处得非常好。他们筹集了十多万两银子，建造大船数十只，铸造大炮四百尊，配备在各艘船上。这些炮船每天沿着海岸来往巡逻，在歧头、东霍洋面，擒获海寇头目张如茂，兵威大振。后来蔡牵被李长庚追剿得无路可逃，便带着银子到闽浙总督玉德那里乞求投降。玉德见到几万两银子，像见了父母一样，就派人前去招降。李长庚明知蔡牵不是真心归降，但那是福建提督出面招降，他不能从中作梗，只得叹息退出。谁知蔡牵经过这一次包庇，暗地里将船修好、粮米配装充足，又私下指使奸商替他制造一只大船，装好货物。表面上说装货是为了出口，哪知船一出口，就交给了蔡牵。蔡牵一得到船，立即扬帆远去，在海上横行霸道，跟朱濆联合起来，再度骚扰温州。温州总兵胡振声率领一支装备不齐、缺乏训练的水师出海抵抗，被蔡牵、朱濆打得七零八落，连胡振声也被打落水中。蔡牵、朱濆等海寇掉转船头，直接进入福建，闽中一带竟然没有一个人敢出来抵抗。嘉庆帝知道了这种情况，就派李长庚统率福建、浙江两省水师。李长庚接受命令后，将温州、海坛两镇的水师分为左右两翼，日夜加强操练。

嘉庆九年（1804），这些水师向马迹洋开去。这年冬天，在甲子洋打败朱濆。次年春，又在青龙港打败蔡牵。蔡牵越打败仗越癫狂，索性聚集了一百多艘船向东进犯台湾，并勾结岸上的土匪，攻打台湾府城，自称镇海王，台湾震恐。福建提督急忙奏报朝廷。嘉庆立即责成成都将军德楞泰以钦差大臣的名义，调动三千四川兵进剿蔡牵，并以将军赛冲阿为副将，分两路向台湾进兵。这两位将军还没有出福建，李长庚率部已抵达台湾。他见鹿耳门被海匪封锁，就到别处找到一个名叫安平的小港登陆，直扑府城。还紧急下令，让总兵许松年、王得禄驾驶小船率兵隐蔽前进。他自己带领大队守住南北两汕的重要关口，以备截断蔡牵的退路。

蔡牵以为鹿耳门已被阻塞，便放心大胆地往前挺进。没想到许、王两路清兵由小路攻了进来，向海寇猛烈进攻。蔡牵分兵抵抗，每次战斗都失败了，人员船只损失很大。他预料台湾难以攻占，便想从北汕逃走。正当他率部将要出口时，看见口岸边有许多大船，阻塞了出路。远远望去，那只大船上站着一位大将，手执令旗，像天神似的威武。仔细一看，正是那个百战百胜的浙江提督李长庚。他叹了一口气，说：“遇到这位，我没有命了。”谁知天老爷偏要保佑恶人，陡然间刮起一阵怪风，清兵站立不住，蔡牵却趁机逃跑了。等他一出海口，哪里还挡得住呢？清兵只夺取了几十只船。谁知嘉庆帝昧着良心，斥责李长庚让海寇远走高飞。于是下了一道圣旨，摘去他的花翎顶戴，连德楞泰所领的清兵都一律撤回。李长庚受到这种处分，非常愤怒。他重新组织部众奋力剿杀海寇。海寇退到福宁上岸，并无清兵夹攻。蔡牵、朱濆见李长庚势力孤单，便联合海寇反攻，被李长庚猛烈地抗击杀退。蔡牵便跟朱濆分别窜扰镇海、定海，李长庚紧追不舍，专门攻打蔡牵的船。蔡牵受伤，再次撤退。清廷下圣旨，恢复李长庚被摘去的花翎顶戴。

李长庚因恢复官职，稍得安慰。不料浙江巡抚阮元由于守丧而去任，李长庚抚胸叹息，为失去了一位好的主持者忧伤。他的部属说："阮公虽然离职了，一省政务何至于没有人才承担？现在闽浙总督玉公不是比阮公更高明些吗？"李长庚道："不要提那位玉公了吧。我自出师以来，多亏阮公关照。若是换了玉公，我是一样事也做不成。"闽浙总督玉德的劣迹激起众怒，大家便催促李长庚根据实情，上奏朝廷。嘉庆皇帝明白如镜，深悉下情，革除玉德的职务，捉拿问罪，另外任命阿林保接任。没有想到去了一个坏的，又来了一个丑的，真是忧患无尽头！

阿林保到任又跟李长庚不和。不到一个月，他就三次向皇帝弹劾李长庚。皇帝内心怀疑，但将阿林保的奏折留在宫中不发下去，也不批复，并密令浙江巡抚清安泰调查后奏报。清安泰虽然不及阮元，可也不是糊涂人。他把李长庚在海上攻剿贼寇的情况综合起来，向朝廷详细奏报。嘉庆本是明君，一见到他的奏章，就知道弹劾是出自阿林保忌功。于是颁发圣旨责备阿林保说：“倘若再忌功诬劾，玉德就是你的镜子。”另外命李长庚监督制造大船三十只。

这时，李长庚在内部再没有人牵制，外面也无人阻碍，他以为可以实现自己的愿望了。没想到阿林保受了这次责备，更加恼怒，总想把长庚置于死地。长庚正想修造船只，敌不过阿林保不断对他发出催战文书，三天一封，五天两封，责令他不许休战。不到一个月，下了十几道檄文。李长庚面对这种处境叹惜地说：“我不死在海贼手下，也难逃奸臣的手心。看来跟海贼战到同归于尽就是幸运了！”于是，他召集将士，即日出发。他们凭着灭贼的锐气，驾船出港，贼船看到李长庚船队开来便望风而逃。李长庚追到竿塘，抓获了蔡牵的侄儿蔡天来。

李长庚率船队在海面来回追逐，使蔡牵无路可逃。他便兵分两路，一路命许松年追击朱濆，另一路由他继续追杀蔡牵，连打几个胜仗。这时，蔡牵逃到黑水洋面，再也无路可走了，只得决一死战。李长庚亲自擂鼓，打了三四个小时，蔡牵船上的风帆被子弹打裂了。李长庚立即命令兵士放火焚烧贼船，火随风势烧到蔡牵船上。不料蔡牵船上忽然发出一发炮弹，打进李长庚的船内。兵士回头一看，李长庚已跌倒在船板上，因弹片击中咽喉而死。船上的张见升是阿林保手下派去的人，他见李长庚死了，便率领兵士撤回基地。蔡牵也就乘机逃往安南了。消息传到京城，嘉庆很是惋惜，追封李长庚为壮烈伯，赐谥号忠毅。

这时，朝廷改任方维甸为闽浙总督，阮元复任浙江巡抚。李长庚的部将王得禄、邱良功都升任提督，分别统领原来的军队，他们同心协力为李长庚报仇。

王、邱二位提督听说许松年在福建海上打死了朱渍，朱渍的弟弟朱握率部众乞求投降，许松年已经立了大功。他们唯恐落在许松年之后，被人嘲笑为无能，便慷慨誓师，决心捕获蔡牵。这时，蔡牵的势力日益衰败，召集余众又来沿海骚扰，一直窜到定海渔山。王、邱二将率部追踪到黑水洋，而蔡牵的贼船又逃跑了。王、邱二人非常义愤，决心分兵合围，全力进剿蔡牵。有一天，他们再次追踪到黑水洋。没想到邱良功的船与蔡牵的船竟并泊在一处，王得禄的船也赶到了，正好合攻蔡牵。谁知邱良功的船刚停泊不久，就被海贼扯毁了帆，又用大碇扎住邱良功的坐船，使船不能移动。邱良功持刀上前砍碇绳，被海贼的长矛刺中了脚。邱良功的部下见主将受伤，只好毁碇摆脱海贼的围困。蔡牵看到这种情况，自己也想逃跑。王得禄带兵冲上前。海贼船上枪弹已经用尽。王、邱便大声呼喊："海贼弹药已经用尽，大家要努力擒贼，俘虏者有赏。"于是，官兵一拥而上，一面放火，一面用矛钩扯撕船帆。蔡牵知道再也不能脱逃了，就用炮将船击裂，连船带人一同沉入海底。其余海贼纷纷投降，王、邱二将收兵回营，当即用红旗报捷。战功上奏，王得禄被封为二等子爵、邱良功受封二等男爵。至此，福建、浙江的巨匪都消灭了，广东的海盗也告平息。

12. 天理教

嘉庆十六年（1811），西边天上出现了扫帚星，钦天监[1]奏报说，这种星象预兆兵灾。嘉庆问："在什么时候？"钦天监查核后回答："应在十八年闰八月中。如果将十八年闰八月改作十九年闰二月，或许可以消弭兵灾。"嘉庆准许改历。转眼两年过去，嘉庆已把这桩事忘记了。这年七月，皇帝到木兰去狩猎。圣驾出京后，宫中竟闹出一起大祸。

原来在京畿地带南面有一些流民，立了一个教，名叫天理教，又称八卦教。教义跟白莲教差不多。他们广召教徒，徒众遍布各省。教内有两个首领，一个叫林清，在直隶传教；一个叫李文成，在河南传教。这两个人内外勾结，煽动群众反对清朝，自己一心想当皇帝。他们听说钦天监预测星象预兆兵灾，曾改变闰月，就想利用这个机会起事。于是，造出两句歌谣："二八中秋黄花落，清朝最怕闰八月。""天数是难逃，改也不得了。"利用这两句歌谣很轻易地就在一般百姓中起了煽惑作用。正巧这一年直隶发生旱灾，饥民成群结队流动求生。林清用几万两银子，

---

[1]钦天监，掌管观察天象、推算节气历法的官署。秦汉以来由太史令掌管观天象、制历法等事宜。唐代始设太史局，后改为司天台，隶属秘书省。宋、元有司天监，与太史局、太史院并置。明清改名钦天监，设监正、监副等官职。清制满汉并用。也有个别欧洲传教士参加，如南怀仁等。

勒马挥刀

买通宫内太监刘金等三人，充当内应。又暗中把李文成请进北京，作为外援。李文成到京，与林清约定，九月十五日，也就是钦天监所说的十八年闰八月十五日发动。

林、李二人以为这次谋划是无人知道的。谁知河南滑县的知事强克捷早已听到了风声，他立即派人向巡抚高杞、卫辉府知府郎锦麒禀报，请他们迅速调兵捕捉人犯，要等这事发生就迟了。但巡抚、知府不信他的禀报，反而责怪他造谣，无事生非。强克捷焦急万分，再次申报，上司仍无反应。他心想，李文成是本县人，他要谋反，朝廷怪罪下来，不说上司不发兵，反会怪我知情不举。我既然不免一死，不如先发制人，就是死了，也算是为国为民。主意已定，等到傍晚，强克捷便私下传召县衙的吏役，一齐到衙门听候命令。到了时候，衙役见县知事早已坐堂。强克捷令众人："你们随我来！"这时一切使用物件都已备齐。强克捷出衙乘轿先行，衙役跟随在后，来到李文成住宅，将前后门把住。其中虽有跟李文成有来往的，也不敢多问。强克捷由前门进入，直到内室，将李文成捉住，用铁链锁上，带回衙门，立即坐堂审讯。

李文成故作镇静，笑问道："老爷要拿人，也要访明罪过。我并未犯法，捉拿我是为什么？"强克捷大怒说："你私下勾结土匪，谋图造反，本县官已查访明白，你还敢抵赖吗？赶快招来，免得受刑。"李文成不招，强克捷道："你这样胆大妄为，看来不用刑是不会招的。"于是命令衙役给他套上夹棍，收一下绳子夹得紧一分，把李文成夹得死去活来，脚胫被夹断了，晕死几次，总不见招。强克捷心想，他的脚胫骨断了，估量他不能逃跑，等一等再想办法审问吧！这时，李文成的党羽听说首领被捕入狱，便一同商议劫狱，将李文成救出来。大家商议妥当，九月初七，便聚众数千，直接进入滑县衙门。县衙门只有几个衙役，并无一兵一卒。劫狱的人一冲进去，役吏都吓跑了，县衙里只剩下强克捷一家大人孩子。劫狱的人不由分说，上前去你一刀我一刀，把强克捷和他的家人全部砍死。又急忙到狱里救出李文成，抬着跑出了县衙。

李文成说："直隶林首领本约我于十五日到京城接应，今天这么一闹，路上必定会有官兵阻拦。"但眼下众教徒既然已将县官杀了，此地也无处容身，只得分兵进攻，才有希望成就大事。于是，便向山东、河北进兵。谁知嘉庆在木兰已经得到了报警，用每天六百里的速度传下谕旨，责令山东、河北、河南的总督、巡抚迅速派兵防堵截击。这道圣旨一下，几省都出兵防堵。

林清在北京眼看发动起事的日子临近，指望李文成率教众来京支援。谁知李文成却因事泄被捕。虽说李文成已被教众救出，但各省已经风声鹤唳，都在防范，他已不能如期到达。等到林清起事，外援断绝，也就无法成功。

嘉庆皇帝在木兰打猎，忽然想起钦天监的那一番话，就立即启程回京，京城的文武百官也都前往迎接。

再说林清，眼看着发动起事的日子就要到了，于是他事先派教众二百人，暗藏兵器，潜到城里，自己则在城外等候消息。这二百人在紫禁城附近四处走动，专等内应发动。等到黄昏，见有二人前来，一看正是刘金、高广福两位太监。教众一同迎上去，由二人引导前行。众教徒立即发难，一半人攻打东华门，一半人攻打西华门，都以白布包头，作为联络暗号。看守东华门的清廷侍卫见有教众进来，一齐奋力抗拒，教徒败退，侍卫关好东华门。但西华门不及防御，被教徒们冲了进去，反把门关好，以抗拒禁卫兵的反攻。然后，教徒们便向内宫杀去。但是他们不知道通内宫的路，正在寻路，忽然看见太监阎进喜到来为他们引路，让他们向西，直接进攻皇宫。

这些教徒原指望立即就可以攻入皇宫，抢得金银珠宝满载而归，哪晓得宫中楼阁环绕，道路不清，左旋右转，见前面一所大屋，以为是皇宫，便一齐冲了进去，到里面一看，什么也没有。教徒们点火一照，见匾上写的是“文颖馆”。他们又越过几进房屋，都没有人迹。有的闯到隆宗门，有的撞到养心殿门，都关闭得很牢固。一个教徒便说：“我们只顾乱闯，什么时候才能找到大内呀？我看这墙里面必定是皇宫。我先爬进去看看，你们随后进来，免得老在外面找。”说罢就手执白旗，正准备爬上墙头，忽然飞出一个弹子，正打中这人的左眼，只听他“哎呀”一声，便跌落墙下死了。连爬几个人都被弹子击中，落地身亡。

放弹子的人原来是皇次子绵宁。当晚他在上书房，忽然听到外面大喊，他问发生了什么事，内宫的侍从太监告诉他，土匪攻进了紫禁城。皇次子随即佩上撒袋，挂上腰刀，手持鸟铳，带着侍卫，来到养心殿。命令侍卫太监放好梯子，他就缘着梯子上到高处。正往四面观望，看见一个拿着白旗的教徒正要上墙，皇次子即时发出一弹，打中他的左眼打死了。又上一个，又中弹而亡。贝勒绵志也打死了一个教徒。其余教众都不敢再上了。教徒们攻不进去，就到隆宗门放火。皇次子正在着急，忽听得霹雳一声，立即雷雨大作，将火熄灭了。

众教徒看到进攻没有得手，就想撤退，但天昏地暗，道路不清，有的人竟掉在池塘里淹死了。这时，王公大臣带着亲兵入宫保卫皇室，各处搜查，抓到了教徒六七十人。立即审讯，教徒们都说是内宫太监刘金、高广禄、阎进喜等引进宫的。便立即命兵士将三个太监捉来审问。三人见教徒已把事情供出来了，无法抵赖，只说："该死，该死！"于是，一面将情况飞报嘉庆皇帝，一面将那些教徒处死。

嘉庆在行宫接到皇次子禀报的全部情况，立即封皇次子为智亲王，其他亲王、贝勒也都有提升和奖赏。随后，尚书托津英和回到北京查办天理教。皇上命令陕西提督那彦成为钦差大臣，率兵到河南进剿。随后嘉庆便从白涧回到北京。托津英和将到黄村，便听说林清已被逮住，于是他也回到了京城。九月廿三日，皇帝在大殿亲自讯问天理教首领林清和私通教徒的几个太监，问明情况属实，便下圣旨，把这些人都凌迟处死。

当时，李文成因为胫骨断了不能行走，只好留在滑县城。其他教徒本打算准时增援林清起事，没想到被雨阻隔，又受官兵堵截，不能成行，只好都聚集在道口镇。哪知道嘉庆派钦差大臣那彦成与提督杨遇春率兵一同到了河南卫辉府。然后，杨遇春带领几十个亲兵到道口镇，进剿教徒。教众见亲兵到，准备迎战。忽然看见亲兵中飘扬的一面大旗，上面有一个“杨”字，他们一向知道杨遇春的威名，便吓得逃进城去。杨遇春向前直追，杀死教徒数百。正准备退兵，却发现少了两个亲兵。他又单身冲进教徒队里，杀了几个人，把两具亲兵的尸首夺了回来。随后，杨遇春率领人马暂时住在北岸，等那彦成钦差到来，再一同进兵。

谁知那彦成胆小怯战，不敢前进。嘉庆知道了这个情况，就传下谕旨催促他快速进兵，那彦成才大胆前行。杨遇春进攻道口，教徒一见就大叫：“不好了，杨胡子来了！”被吓得不敢正面抵抗。这时已有探报说直隶的教徒已经平息，又得知山东的教众也被肃清了。杨遇春听到这些消息，就跟那彦成说：“其他两省叛乱都已平伏，唯独我们未建功绩，怎么办呢？”他们正在议论，忽接探报，索纶奉谕旨带兵来此助剿。那彦成请他进来，共同商定分兵三路进攻河南天理教的计划。

教徒支持不住，便护卫着李文成出了城，准备逃进太行山。杨芳跟踪追到辉县山，奋勇剿杀。忽见山中起火，李文成被烧死，教徒又逃入城中。杨芳围起城来，用大炮四面轰击，约两小时，城角崩坍，官兵争先冲入城内，守城的教徒首领牛亮臣、徐安国等都被抓住，用囚车押送京城处死。天理教起事被镇压，河南局势安定，官兵奉命班师。

正当此时，皇帝有旨，命令那彦成率领部众到陕西去进剿三才峡的盗贼。所谓三才峡盗贼，其实多是木材商和运夫、差役，因为年成不好发生饥荒，他们就停工抢粮，地方官搜捕得紧迫，他们推万二为头目，集众抵抗官府。后来被祝廷标等镇压。此后各地的反抗活动也相继平息了。

13. 道光即位

嘉庆二十五年（1820），皇帝照例到木兰打猎，亲王贝勒也随同侍候。不料，嘉庆在热河避暑山庄染上了霍乱，病情日渐沉重。皇帝便传旨召见大臣，向他们说："嘉庆四年，我已遵照家法，立次子绵宁为皇太子。现在绵宁正随同我驻在这里，就让他继承皇位。"不久，嘉庆去世。他在位二十五年，享年三十八岁。皇次子智亲王捶胸顿足，号啕大哭，十分悲痛。随即派御前侍卫火速回京，尊奉母后钮钴禄氏为皇太后。皇太后颁下懿旨，告谕皇太子，尽快正式继承皇位。皇太子恭护先皇灵柩返回北京，安放在乾清宫。然后正式在太和殿即皇位，颁布诏书，普告天下，改明年为道光元年，这便是宣宗皇帝[1]。对于已逝的先皇加谥号，尊为仁宗。经占卜，安葬在昌陵。

道光即位几天后，想起从乾隆、嘉庆年间直到现在，东征西讨，国库款项已被用尽，如再不节省，国用怎么能充足？便从宫中防止浪费、奢侈、浮华做起，自后妃直到宫女，一律崇尚节俭、朴实。并命令亲王、贝子、贝勒、王公大臣等不准过多招纳

[1]清宣宗（1782—1850），即爱新觉罗·旻宁（原名绵宁，继位后改为旻宁），庙号宣宗，年号道光，1821年至1850年在位。

姬妾，不得随意挥霍。王公大臣听到命令有的认真奉行，也有人阳奉阴违，表面朴实暗中照旧奢华。皇上怎么能察觉呢？崇尚朴实、节约的上谕，能不能实行，不过在个人。

14. 新疆平叛

道光五年（1825），新疆回民首领张格尔聚众反叛朝廷。原因是钦差大臣斌静跟回部伯克章京狼狈为奸，内外勾结，干了许多坏事。道光派将军庆祥前往调查，庆祥就暗中把斌静平常违法乱纪的真情实况，奏告了皇上。道光降旨将斌静革职，捉拿审问，另派永芹代理他的职务。张格尔叛乱后势力渐强，清兵镇压屡次失败。永芹不敢隐瞒实情，只好上奏乞求援助。道光召回永芹，任命将军庆祥继任。庆祥因故不能到任，又派长龄代任这个职务。庆祥领兵前往讨伐，被打败。张格尔一连攻下七座城镇，逼得庆祥无路可走，竟上吊自杀了。道光得到奏报，便派杨遇春为钦差大臣，率领陕、甘军队五千人，驰赴新疆，会合其他方面的军队，共同进剿。皇帝又授命长龄为扬威将军、山东巡抚武隆阿统领吉林、黑龙江的兵士协同陕甘总督杨遇春共剿回民。自从杨遇春到了新疆，军务才稍有好转。

道光七年（1827），清军将领长龄、杨遇春带领中军，以武隆阿、杨芳为左右两翼，三路进兵，继续追剿。将士个个斗志旺盛，回民抵挡不住，纷纷溃败，丢下许多粮草、牲畜。这时，清兵正缺乏粮食，便全部搬回兵营。得到粮食，清军的士气格外旺盛。得到追剿的命令，勇气百倍，杀死了许多回民。经过追逐，

威平西域

清军抵达喀什噶尔城下，一鼓作气，登上城墙，擒获了张格尔的侄子和两个统帅，杀死回民数万，俘虏四千多人。

清军上奏报捷，长龄原指望因此可以受到提升和赏赐，没想到圣旨传下反说未能抓住张格尔，不该让他脱逃，免去了长龄、杨遇春、武隆阿的职务和官衔，下令限期捕获张格尔。三人得旨后，分别进行各项准备事务。长龄的上奏中有“请求释放回民首领”的话，道光看了大为恼火，斥责他昏聩，颁旨革除官职，幸亏杨遇春为他多方谋划。

回民原来就分为白、黑两派，一派叫白山党，一派叫黑山党。张格尔一贯虐待黑山党，黑山党回民很愤怒，他们暗通清兵，谋划袭击张格尔。长龄上奏所说释放张格尔就是这样的主意。杨芳命令黑山党散布清兵都已撤退的流言，说喀什噶尔城已经空了，回民大众都盼望和卓回来。这些话传到张格尔的耳朵里，他便纠合残余的回众，又派人探听消息，果然没有见到官兵的踪迹。于是他率部开进了阿尔古城。

到年末，清军打算等到除夕那一天攻城。那天夜晚，张格尔巡视城防，看见东北面有人马行动，大吃一惊，叫道：“清兵来了！”急忙开城逃走。杨芳带兵紧追不舍，奋勇进击，一鼓作气，抓住了张格尔。杨芳等立即用红旗报捷，道光看到捷报很高兴，命令长龄等将领率兵凯旋。皇帝特在午门典阅俘虏，审讯张格尔，罗列罪状，将他砍杀分尸，枭首示众。

15. 林则徐销烟

道光听说内外局势安宁，就把那彦成、杨芳召回北京。没想到道光九年（1829）召回了这些将领，道光十年（1830）又有安集延[1]入寇。后来，中亚的浩罕国要求通商免税，奏报皇上，道光命长龄处理，允了他的要求，签订和约，这件事才算了结。道光十一年（1831）六月初九，皇帝得了一个皇子，取名奕詝（zhǔ），他就是日后继位的咸丰皇帝[2]。

道光十九年（1839），皇后钮钴禄氏死，道光非常忧伤。他命皇四子奕詝守灵、行大礼，侍奉在灵柩边。丧事刚刚办完，东南海疆的官员就报称西洋的英吉利国见各国在中国贸易的人很多，就制造了许多航海商船，运送货物到中国来通商。位于亚洲南部的印度，见到英国到他们国家贸易，很有恶感，两国开战，印度战败，被英国占领了。英国逐渐强盛起来，就把印度出产的鸦片，运到中国，高价销售，以致后患无穷。道光帝继位后对外的头一件大事就是禁止鸦片。他一面颁发禁烟谕旨，一面任命重要大臣对进口船只严加检查。无奈刁钻的商人、狡猾的官吏，从中受贿，鸦片烟的输入反而急剧增多。

湖广总督林则徐恳切上疏说：“不严禁鸦片，后患无穷。”

---

[1]安集延，古国名。

[2]咸丰帝（1831—1861），即爱新觉罗·奕 ，庙号文宗，1851年至1861年在位。

断锁横江

道光见了呈报，便召林则徐进京，当面授予方略，给他颁发钦差大臣的关防，命令他到广东查办禁烟事务。林则徐奉命立即前往广东，发出一道雷厉风行的告示，其中载明："吸食、贩卖鸦片的，在指定期限内务必戒除，并交出鸦片和烟具，日后如再有违犯，吸烟判绞死罪、贩烟判杀头罪。"他部下的官员、役吏、胥徒都能尽心办事，不徇私舞弊。后来在零丁洋查获了英国贩运的鸦片二万数千箱。林则徐备文呈报皇帝，道光颁旨，命林则徐将那些鸦片在广东就地销毁。林则徐于1839年（道光十九年）6月3日在虎门将收缴的两万多箱（袋）鸦片[1]，投入事先砌好的池子，用生石灰销毁，冲入大海。这就是闻名中外的虎门销烟。

16. 鸦片战争

从事罪恶鸦片贸易的英国商人不甘心失败，英国商务代表义律借故寻衅，说动英国政府发动了侵略中国的鸦片战争。

英国领事将侨居中国的几十户英国人移居到其他地方。暗中招来英国兵舰突然袭击九龙，清兵将一艘英舰击沉。义律心惊，央求葡萄牙人代为调解。他表示愿意遵守清朝法律，但要求删除"人即正法"这一条。林则徐之所以作这样的规定，旨在禁绝外人贩烟。烟贩子既屡不遵令停止输入鸦片，林则徐自然不允删除这条文字。

---

[1]准确地说是一万九千一百八十七箱，又二千一百一十九麻袋，共计销毁鸦片二百三十七万多斤。

义律便呈报英国国王。英国大臣和议会曾经议论，也有人不主张维护鸦片贸易。英王说："总以服从多数为是。"随即授命布尔利为陆军统帅、伯麦为海军统帅，水陆并进，攻打中国。道光皇帝知道战争已经开始，命令林则徐任湖广总督，统领两广军务，调邓廷桢为闽浙总督，守卫福建海疆。林则徐购买外国报纸，侦察西方情况，得知英王执意挑起战争，急忙整顿陆海军军备，以便应战。募壮丁、练水师，军民抵抗侵略的气势异常高涨。

道光二十年（1840）五月，英国军舰抵达珠江口外洋面，准备攻打虎门。由于广东准备充分，林则徐广招渔民为水勇，教以夜袭之法，并宣布英国兵船如进入内河，准许"人人持刀痛杀"。英军放弃攻虎门，按英国政府的训令，封锁珠江口，主力北上。同年六月，英军侵犯福建厦门，邓廷桢派水师奋力反击。金厦兵备道刘曜春固守炮台，英军来犯，开炮还击，打毁几只英舰。英军估量福建也难得逞，便又将军舰开往浙江海面。浙江官吏失于防范，被英军攻入，定海总兵张朝发阵亡，定海失守。道光得知消息，派两江总督伊里布赶赴浙江督师，伊里布尚未到达，英军又分兵北上。七月，英国舰队到达天津海口，义律带数十名英兵登岸，直入总督衙门，投递英国首相巴麦尊给清政府的照会。直隶总督琦善听说英国代表到来，赶忙迎入衙门，他看了英国首相的信，对于英方提出的要求，只是沉吟不语。义律见他胆怯，不敢表态，反用大话吓他，他竟反去为义律说情。

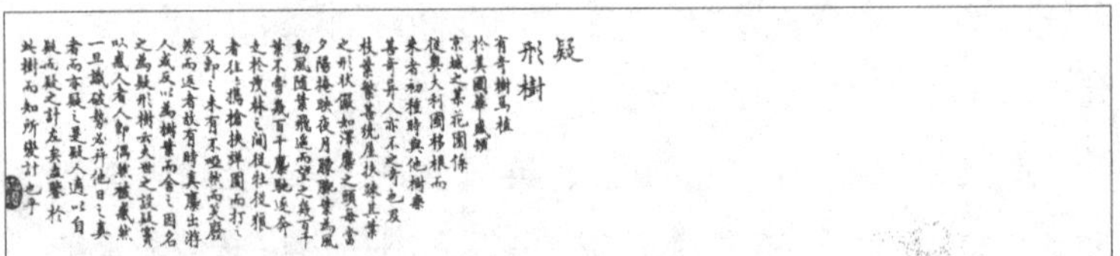

疑形樹
有奇樹焉植於美國華盛頓京城之某花園係從意大利國移根而來者初種時與他樹無甚奇异人亦不之奇也及枝葉繁茂挽壓扶疎其葉之形狀儼如洋人之頭每當夕陽掩映夜月朦朧葉為風動風隨葉飛遠而望之幾百千萬不啻數百千人馳逐奔走於茂林之間或壯或稚者往往攜槍挾彈圍而打之及即之未有不啞然而笑嗒然而返者故有時真寇出游人或反以為樹葉而舍之因名之為疑形樹云夫世之設疑實以惑人者人即偶然被惑然一旦識破勢必并他日之真者而亦疑之是疑人適以自疑而疑之計左矣盍鑒於此樹而知所變計也乎

17. 琦善卖国

道光出于维护清朝封建统治阶级的利益，派林则徐赴广东，表示支持禁烟活动。战争爆发之初，道光愚昧无知，盲目自大，以为英军不堪一击。定海失守，他立即派将调兵，准备会剿。等到英军北上到了天津，他就有些恐慌了。清朝一班腐朽官僚，听说英军要攻打天津，便纷纷上奏，指责林则徐办事过于急躁，以致跟英国开战。甚至造谣说林则徐接受英国女王的文书，私自销毁，想把林则徐置于欺君黩武的死地。又说英军前来不过是为了要求通商、赔偿过去的货价欠款，希望皇上招抚远人，以罢兵息战为宜。在这种妥协投降舆论的包围下，道光于收到琦善转呈的英国文书后的第二天，就表示要处分林则徐等人，替英国人“代申冤抑”，并命令琦善到天津海口去跟英军谈判。

琦善跟英军谈判就按照朝廷定要惩办林则徐的调子笼络对方，对于英方的要求只是含糊地说只要英军退到广东，一切都好商量。对皇上，他竭力夸大英军实力，认为他们船坚炮利，难以取胜，即使今年得胜，明年他们还会来犯。英军对琦善的答复并不满意，但当时他们的兵力很小，无力挑起战端，也就同意南去。英军从天津海口南撤，道光竟以为琦善办事有方，便任命琦善为钦差大臣，到广州去跟英人谈判。几天以后，道光便以“办理不善”“祸国害民”等莫须有的罪名，下令将林则徐、邓廷桢撤职查办。

再说，林则徐正在加强海防，严禁私自贩运鸦片。没料到琦善忽然来广东奉圣旨要查办他。11月底琦善抵粤，一天，琦善宣读圣旨：责备林则徐，要押解他到北京交刑部治罪；命琦善署理两广总督。琦善到任后，一面查核林则徐的所谓罪状，一面尽改林的政策。他以为只要能退敌就可以建功，满以为撤了林、邓，赔偿烟价，允许英人贸易就可以让英军撤退了。谁知道英国在谈判时态度强硬，除了以上条件外，还要求割地。琦善派他的心腹向英人乞求退兵，并说除了割地他不敢做主，其他条件都可以慢慢商量。英国看透了他怯战惧洋的卑劣心理，于1841年1月派兵攻占沙角、大角炮台。英军进攻炮台之后，镇守虎门的李廷钰曾向琦善请援兵，他说："沙、大两炮台都陷落了，英军又进攻虎门，请大帅速发兵救援。"琦善答："我已令鲍鹏（翻译）前去议和了。"李廷钰说："鲍鹏是看英军眼色行事的汉奸，怎么能过分信任呢？如果虎门一旦失守，广州省城就保不住了。"经过再三申诉，才调拨了五百名士兵。李廷钰只得带着他们去保卫虎门炮台。

琦善受到侵略者的威胁，立即屈服，接受了英国提出的包括割地在内的一系列要求。道光皇帝原以为只要惩办了林则徐、邓廷桢，赔偿烟价就可以使英军撤退。等到得知了琦善的交涉结果，道光皇帝被侵略者的野心激怒，转而倾向抵抗，决心对英宣战。他派皇室兄弟奕山任靖逆将军，到广州主持军务。痛责琦善"误国"，下令将琦善革职、锁拿回京，抄没家产。

18. 《广州和约》

义律得知清廷决意主战，就跟伯麦商议，趁清廷新任命的奕山、杨芳、隆文等将领还没有到达广州之前，调集兵舰进攻虎门。广东水师提督关天培正驻守在那里的清远炮台。他见英军迫近，奋力开炮轰击，但没有击中敌舰要害。英军攻入炮台，关天培在无援兵的情况下誓死顽抗，壮烈牺牲，守卫虎门的将士也无一生还。靖远、威远、横档等三座炮台和虎门要塞都失守了。幸亏随奕山来广东的参赞大臣杨芳率领湖南五千兵士赶到，广州城内才得以保全。这时，琦善已经押解京城问罪。英军仍然不断进攻，都由杨芳督战，击退来敌。一天，美国领事到清军营求见，杨芳将他请入，美领事说，英国本不愿生事，只不过要求通商。杨芳答，那要等请示皇帝后再议。他跟新任两广总督怡良联名向朝廷奏报了美领事为英国请求通商的事。道光皇帝不允许，下达圣旨只是要尽快剿办。奕山等人看到局势很艰难，他们就请林则徐来一同商议对策。林则徐说："现在敌人已经深入我内河，只有将他们诱出外海，然后再将重要口岸暗下设置梅花桩，配置重炮把守，才可保证安全。"这时，道光重新授予林则徐四品京堂官衔，让他到浙江去协助办理军务了。

接着，英国领事派人来索取被销毁的鸦片价款，奕山把英人斥责了一顿，令他退去。然后便整顿军队出战，烧毁了三只英国船，打死打伤了不少英军，也误伤了一些美国人。正在兴高采烈的时候，忽然得到快报：英军率大队人马攻占了天字炮台，停泊在港口的水师船只六十多艘都被英军指使汉奸烧光了。现在英军正在攻打四方炮台，情况非常紧急。接着又有报告说，四方炮台也陷落了。奕山听到这些消息大吃一惊，几乎摔倒。杨芳立即率兵士上城防守，但抵挡不住英军的进攻。1841年5月下旬，英军攻占广州，奕山竖白旗投降。他派人跟英军签订可耻的《广州和约》，答应在一周内向英军交纳六百万银圆的“赎城费”。清军退出广州城六十里以外。事后奕山向道光谎报，反说是英军遭到清军痛击，乞求通商。同时又在下面搜刮广东的库款和民财交给英军。道光也以假作真，说是体谅奕山等人“不得已的苦衷”，批准和约，准予通商。

19. 林邓充军

道光皇帝以为和约签订，从此就可以无事了。哪知道，英国外交大臣接到义律跟琦善达成的协议后很不满意，召回了义律改派璞鼎查为侵华全权代表，增派军队，要扩大侵华战争。1841年8月，英军攻陷福建厦门，9月，再次攻占定海。这时，林则徐、邓廷桢等抗英官员已被发配到新疆伊犁充军了。闽浙总督改为颜伯焘。颜伯焘也是主张抵抗侵略军的，他曾组织过战斗，但英军火力猛烈，清军抵挡不住。

这期间，两江总督裕谦受命到浙江视师，清政府还在执行裁勇撤兵谕旨，而英国侵略军的增兵已经到了。裕谦曾说过：“英军常增，我反裁兵，这是穆彰阿（当时的军机大臣）误国。”中国军队在这种情况下遭到英军进攻，自然只有被动挨打。在定海战斗中，总兵葛云飞、王锡朋、郑国鸿率领四千军队，曾经英勇抵抗，奋战六昼夜，全体官兵壮烈牺牲。裕谦在鸦片战争中是坚决支持林则徐抗战的。英军再次攻打浙江时，他集合官兵宣誓决不退却逃走。见到葛云飞等三总兵和大批军队阵亡，他说：“各处失守，浙江难守了。”正当向皇帝发出死守国土的奏章，召集部将宣誓抗敌时，英国侵略军已经迫近城下了。裕谦立即派兵将出城抵抗，杀死很多英兵。但是英军兵械精良，进攻火力强，招宝山、金鸡岭先后失陷。那里的守将余步云临危逃走。镇海危急，裕谦已无兵将可供调遣，城陷之时，他投澧池自杀。有人说，他被家人救起，抬到余姚几天后才逝去。

英军攻占镇海又继续攻入宁波。道光帝为组织抵抗，1841年10月，派皇侄奕经为扬武将军，从川、陕、豫等省抽调兵力应敌。奕经跟奕山一样腐败无能，他受命后，带着一批亲朋好友，一路游山玩水，招养歌妓，饮酒作乐，从北京到浙江，竟走了四个月。奕经对如何对英军作战也缺少研究和切实的部署。1842年3月，他在完全不了解敌情的情况下，抱着侥幸心理，分三路进兵，冒雨夜袭宁波、镇海、定海，结果全军溃败，三座城市没有收复，又丢掉了慈溪。奕经逃回杭州，从此不再言战。

20. 屈辱条约

为应付浙江的败局，道光皇帝派盛京将军耆英和不久前被撤职的伊里布到浙江准备跟英军议和。英国侵略军看到清朝官吏的昏聩腐朽，侵略气焰更加嚣张，决心进一步实施军事打击，压迫清政府接受其要求。1842年5月，英军攻陷浙江海防重镇乍浦。6月，进攻长江口吴淞炮台。江南提督陈化成，已年近七十，他亲率官兵与敌人激战，使英军受到很大伤亡。两江总督牛鉴见陈化成御敌有方，大喜。等到英军以强大枪炮反击，他就吓得慌忙撤退，还接连三次要陈化成从炮台撤退。陈化成率部顽强抗敌，最后中炮弹身亡。英军攻占吴淞炮台后，进而攻陷上海。7月，英军沿长江进攻镇江，那里的守卫官兵对侵略军进行了顽强的抵抗，与英军展开激烈巷战，沉重打击了侵略者。8月初，英军舰船停泊到南京江面。这里是江南重镇，英军威胁着供应京城的粮米运输。清政府立即派钦差大臣耆英、两江总督牛鉴、浙江巡抚伊里布赶往南京与英军议和。8月29日，耆英等与英国代表璞鼎查签订了丧权辱国的《江宁条约》（又称《南京条约》），共十三条，主要内容是：

一、中国割让香港岛。

二、中国向英国赔款二千一百万银圆。

三、中国开放广州、厦门、福州、宁波、上海五处为通商口岸，英国可在这些口岸设领事馆，派驻领事等官员。

四、中国废除行商制度，允许英国商人自由地跟中国商人进行买卖。

五、英国商人的货物进出中国海关应交税款，须由中英两国"秉公议定"税则。

这是中国近代史上第一个不平等条约，也是一个划时代的历史事件。从此，中国社会开始发生根本的变化。

1843年，英国又强迫清政府签订了《五口通商章程》和《五口通商附粘善后条款》（也叫《虎门条约》），作为《南京条约》的附约。在这两个条约中，英国又取得了领事裁判权和片面

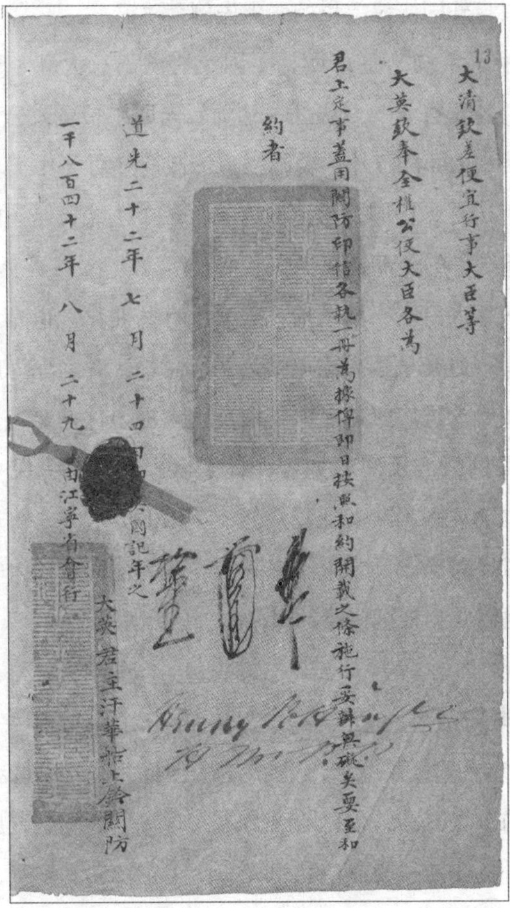
13
大清欽差便宜行事大臣等
大英欽奉全權公使大臣各為
君上定事蓋用關防印信各執一冊為據俾即日按照和約開載之條施行妥辦無礙矣要至和
約者
道光二十二年七月二十四日[illegible]
[illegible]國記年之
一千八百四十二年八月二十九日
由江寧省會行
大英君主汗華船上鈐關防

《南京条约》

最惠国待遇等特权。同时中英双方又按照英方意愿制定了海关规则，开了中国与外国协议关税的恶劣先例。

中英《南京条约》签订后，美国、法国、意大利、瑞典、比利时、荷兰、普鲁士、西班牙、葡萄牙先后派领事或公使到广东，要求通商。1844年7月，美国强迫清政府签订了中美《望厦条约》，同年10月，法国强迫清政府签订了中法《黄埔条约》，取得了中英条约中的全部特权。

经过这次重大打击，清政府在人事上有些变化。道光二十七年（1847）春，道光皇帝授徐广缙为两广总督，叶名琛为广东巡抚。英国人又要求进广州城。两年前英国人提出这一要求，就曾遭到广东人民的强烈反对，如今又提了出来，广东人民更加义愤。地方官也劝英国侵略者勿犯众怒，英国的要求并未得逞。为此，道光皇帝还对徐、叶二人予以嘉奖，认为他们有抚内安外之功。其实，他们并无抵抗侵略的谋略。

21. 咸丰新政

这些事务告一段落，道光皇帝已近七十岁了，经过鸦片战争和一系列的对外交涉，他已心衰力竭，时常生病。皇太后和亲属相继病殁，也使他很受刺激。道光三十年（1850）正月，皇帝召集御前大臣、军机大臣，令人到正大光明殿匾后取下秘匣，向他们宣示了他的御书，乃是五个字："皇四子奕訢"，便立奕訢为太子。道光又向诸位大臣下达了这样的顾命："我死后，你们诸位大臣应该辅佐太子，护卫王室，要以国计民生为重。我也不再多说了。”延至中午，道光去世了。皇四子奕詝率文武大臣等在痛哭中安排了遗体的装殓。然后，王公大臣等便恭奉皇太子奕詝即位，这就是文宗皇帝。次年改元咸丰元年。咸丰即位后，留心政策，亲近贤能的人才，疏远奸佞，对林则徐、周天爵、达洪阿、姚莹都复了官，并提升到重要职位，把穆彰阿、耆英等人革职降级。朝野好像出现了一点新气象。

22. 洪秀全创教

但是，就在咸丰元年（1851），两广地区出现了饥荒，盗贼四起，抢劫横行，人民无法生活。百姓向官吏请求整治，官吏不理睬，人民只好自办团练，自求保卫。这是清王朝日益衰败的表现。人民忍无可忍，只得走上反抗的道路。当时，广西已有天地会发动反官府的斗争。

在这种环境里，广东花县出了个大首领名叫洪秀全。他生于嘉庆十七年（1814），家庭贫苦，家人节衣缩食供他进村塾读书。他七岁发蒙，五六年间读完了四书五经和一些古文，十六岁时因家穷停学。曾一度当过本村的塾师，多次赴广州应试，希望通过科举进入仕途。1843年他三十一岁时再去广州应试，又失败了，这是他最后一次应试。回家后他异常苦闷，开始有了丢掉科举功名的思想，对现实产生了不满。他偶然翻阅五六年前在广州应试时，街头传教士送的一本名叫《劝世良言》的书，受到基督教基本教义的启发，开始想到敬拜上帝劝人改恶从善、救世救人。从此他开始了创立拜上帝会的活动。最早参加这些活动的人，除了他的父母兄嫂和侄儿外，只有他的同学冯云山、族弟洪仁玕。他把基督教的平等思想与中国历史上某些传统思想结合起来，创造了一个以宗教为外衣的农民革命组织——拜上帝会。冯云山跟他境遇相近，也当过塾师。为了扩大传教，他们先在广东省跑了广州、顺德、南海、番禺、从化等许多县城，后来又到广西桂平、武宣等地，结识了桂平的杨秀清、韦昌辉，以及贵县人石达开、秦日纲，武宣人萧朝贵。他们克服了许多困难，逐渐在一些地方设立教堂，扩大了拜上帝会的影响和实力。

为了扩大拜上帝会的影响，大约在1848年前后，洪秀全和冯云山精心编造了一个上天承命的神话故事。说洪秀全十年前生过一场大病，病中他曾上天，遇到一个高踞宝座的老人，那就是至高无上的天父上帝；还遇到一个助他诛妖灭魔的中年人，那就是天父的长子耶稣。上帝曾赐给他一把宝剑和一方大印，命令他回到人间来斩邪留正，并一再告诉他，宝剑只许斩除妖魔鬼怪，切不可妄杀兄弟姐妹。还编造说他本不想回来了，但上帝说他尘根未净，命他回到人世斩杀妖魔、劝化愚民，等功成缘满，上帝会接他上天堂去。还说上帝在他返回人世时曾有几句话，叫他不要泄漏。但他认为为了点化大众，还是说明了吧。那就是：清朝气数已尽，百姓将要受害。如要免害，可以加入拜上帝会。还让群众捐钱、在簿子上写名字，表示入会，参加的人越来越多。他们用这种办法扩大了队伍，又灌输了反清朝、反官府的革命思想。

经过这些活动，拜上帝会逐渐发展到几万人。武装起义的准备工作完成了，起义的时机也成熟了。1850年7月，洪秀全便下总动员令，要求各地拜上帝会会友，务必在11月4日以前到达广西桂平金田村。各地会友接到命令就将田产家业全部变卖，全家老小一起到金田村来。其中有失业的矿工、有饥民，大多数是贫苦农民。到了金田，他们将变卖田产家业所得的现金，全部交给圣库，各人的衣、食、杂用，再从圣库领取。过着一种平均主义的军事生活，接受军事训练。1850年底，拜上帝会已发展成为拥有两万多人的农民革命大军。

23. 太平天国

这时洪秀全、冯云山正藏在平南花洲胡以晃家里，秘密布置武装起义。官府探听到了消息，立刻派兵把花洲围住。杨秀清等人正在金田村总部，听到洪、冯被官兵围困的信息，立即派蒙得恩带领精兵前去救援。1850年12月27日，蒙得恩所部将官兵全部歼灭，救出洪秀全和冯云山，这就是太平天国革命史上有名的“迎主之战”。后来，清军又有两次进攻金田村，都被太平军打败。这些小战的胜利，大大鼓舞了太平天国教众的革命士气。太平军的领袖们经过商议，决定在洪秀全三十八岁生日那一天，即道光三十年十二月初十（1851年1月11日），在金田村正式宣布起义。并定国号为太平天国，以咸丰元年为太平天国元年。

金田起义后，天地会就有罗大纲、丘二娘、苏三妹率众前来会合，太平军声势更加浩大。地方官有的逃跑，有的被杀。桂平县官陈报广西巡抚郑祖琛，请急速派兵援助。郑祖琛听到这个消息，犹如晴天霹雳，惊慌焦愁。他一面召集将士会商出兵进剿，一面写好奏折飞报清廷。咸丰看了奏折，立即派云贵总督林则徐为钦差大臣、任命向荣为广西提督，急速奔赴广西剿办。又命郑祖琛就地出师进剿。郑祖琛胆怯惧战，虽说遵旨督师，到了半路就不敢前进了。这时，向荣已率兵到了桂林，但他心里想，既然郑巡抚已带兵南征，谅可取胜。他便向柳州方向进发，去剿办另一股土匪去了。他一面通知郑巡抚，一面出柳州向南宁进兵。但郑巡抚驻扎平乐，并不严密设防。洪秀全、杨秀清等便乘机积极进兵，扩大战果。他们听说林则徐奉旨来广西主持军务，倒是有些惊慌。但不久就听说林钦差死在来广西的路上了，清政府已改派李星沅继任，原广西巡抚郑祖琛也被撤职充军了，改由周天爵担任。

咸丰元年（1851）二月，太平军向武宣进发，大本营设在东乡莫村，二月廿一（3月23日）洪秀全称天王。因此，在太平天国历史上这一天便是“登极节”。这时，太平军在武宣城郊打败了周天爵、向荣的围攻，挺进象州。4月，清政府鉴于前方将帅不合、军队作战不力，又作了人事变更，派大学士赛尚阿到广西接任钦差大臣，统率各路兵马。还派了都统、副都统、总兵等将领以充实清政府的镇压力量。广西巡抚也改由邹鸣鹤继任。7月，赛尚阿到桂林，立即对太平军组织围剿，9月，洪秀全领导太平军突破清军重围，取得官村之战的胜利，乘胜攻占永安城。

为了加强纪律、提高战斗力，洪秀全在永安发布了许多诏令，如攻城杀敌所得金银财宝要全部缴归圣库；要惜遵十款天条，犯奸邪淫乱者，一律斩首；并制定了具体奖惩条例等。1851

坐船督战

年12月，洪秀全在永安分封五王：杨秀清为东王，萧朝贵为西王，冯云山为南王，韦昌辉为北王，石达开为翼王。西王以下都受东王节制。又封秦日纲、胡以晃为丞相，罗大纲为总制，确定了太平天国初期的建制。

24. 太平军东征

太平天国长期驻扎永安，虽然建立了官制、训练了队伍、注重了纪律，但清朝调兵合围，形势也日益严重，特别是粮食、药品、食盐都非常短缺。1852年4月，太平军决定全面突围，洪秀全、杨秀清率部出北门，令洪大全部出东门，萧朝贵等部出南门，林凤祥等出西门，乘着黑夜，一齐向四门突击。经过激烈战斗，太平军受到一些损失，也斩杀了清军四个总兵，缴获了不少火药和器械。太平军原想乘势进攻桂林，由于清兵防守坚固，屡攻不下。6月，太平军攻占全州，在这次战役中，南王冯云山中炮牺牲。太平军在全州短暂停留，然后挥师北上，进入湖南。

进入湖南后，太平军原打算水、陆并进，直取长沙，但遭到清朝知府江忠源在蓑衣渡设下埋伏的猛烈攻击。太平军与江忠源部清兵展开激烈肉搏战。前后两天持续战斗，太平军损失惨重，兵员已不足一万，军械大量损毁丢弃，船只也大都丧失了。

由于太平天国起义的影响，湖南天地会早有零星的反官府斗争和小规模起事，只是缺少领导，时起时灭。太平军到湖南后虽有失利，但他们立即在湖南实行扩军计划，号召天地会众和贫苦百姓参加太平军。为了扩大政治影响，太平军在湖南广泛发布他们从广西北上一路逐渐形成的文告，主要有《奉天诛妖救世安民》《奉天讨胡檄布四方》《救一切天生天养救一切中国人民》等。这些檄文历数清廷的“弥天罪孽”，声言太平天国倡导“天下一家，四海皆兄弟”；有上帝做主，扶天王开国，推翻清朝。劝告听命清朝的团练和天地会众幡然悔悟；号召有志之士、名儒学士、英雄豪杰，奋起反清，共图大业。在这种政治鼓动下，当时湖南天地会众参加太平军的人就达五六万。其中有几千名挖煤工人，他们组成的土营，在后来的攻城作战中发挥了很大的作用。太平军的声势重新振作起来。与此同时，清军也采取了分防远堵的方针，湖广总督程矞（yù）采驻扎衡州，在永州、道州、湘桂边界都布置军队。但朝廷派遣的赛尚阿、和春等人，却都采取拖延进兵、保持自己兵力的游移态度。于是，太平军向防守薄弱的全州进攻，未经激烈战斗，清军就溃退了。

太平军占领全州后，休整两个月。8月，东进夺取郴州。洪秀全和杨秀清探知清军在长沙防守薄弱，就派西王萧朝贵率军两千人，攻打长沙。9月，太平军抵达长沙城郊，袭杀清兵六百多人，然后炮击长沙。萧朝贵兵力单薄，他为了激励士气，亲自上阵督战，中炮阵亡。太平军闻讯，立即调大军赶赴长沙，清政府也作了各路兵马支援长沙的部署。除原有的将领外，另授徐广缙为钦差大臣、署理湖广总督。根据这种情况，1852年11月，太平军撤离长沙，向西北攻益阳，渡洞庭湖，于12月中，夺取了湖南、湖北两省的重要关口岳州，为进兵湖北奠定了基础。

太平军进驻岳州后，许多渔民、船夫和贫民纷纷加入，同时在战斗中又缴获了大量武器、船只，建立了水营。这年12月，太平军乘胜北上，连克汉阳、汉口，孤立了武昌。武汉三镇的江面布满了太平军的水师。尽管清政府急忙命令湖南的军队火速救援，又从北面派署理河南巡抚琦善率兵南下救援，太平军还是于1853年1月中，攻占了武昌。

太平军在武昌纪律严明，散发《天条书》《三字经》等读物，召集群众“讲道理”，设立圣库，负责管理从清政府没收的金银以及剥夺官绅豪强的贵重财产。并又一次开展扩军工作，壮大了革命队伍。二月初二是太平天国壬子年除夕，太平军与武昌人民共庆胜利后，于十日，便放弃武汉三镇，水、陆两路，顺江东进，直逼南京。上万只船连成一片，清朝沿江守军闻风逃避，一路攻克九江、占领安庆。安徽巡抚蒋文庆上吊自杀。太平军在安庆缴获了安徽省藩库的白银三十多万两，白米四十余万石。继续东下，先后又攻占了太平、芜湖，打死福山总兵陈胜。于农历正月底，抵达南京城下，连接的营盘数十座，水陆大军号称百万。城里的清朝总督、将军、都统虽然率兵固守，但在太平军的强大攻势下，城内弹药用尽，孤立无援。太平军发挥土营的优势，在凤仪门挖地道，埋地雷，炸坍城角，只用了七八天的工夫，就攻占了外城。两江总督陆建瀛见城防已破，自尽身亡。太平军一鼓作气，很快又攻占了内城。清朝的江宁将军被斩杀，太平军完全占领了南京。

25. 定都天京

洪秀全用缴获的大量金银财物，犒赏将士，部众欢呼万岁。

洪秀全召集各王、军师、丞相会议，北伐、开科取士、设立捐税、建立官制、通商贸易等事项都在议论之列。洪秀全说，定都金陵是首要大事，这样才可以号令众军、影响全国。杨秀清很赞成这个主张，他说：“定都金陵，以长江为天堑，是很好的。但必须先攻占镇江、扬州，以堵塞清政府的南北通路，这样才能巩固京城金陵。”洪秀全征求大家的意见，由谁担这项重任。林凤祥自告奋勇前往，又以罗大纲、李开芳等为副将，带兵数千，直取镇江，随后又乘胜夺取扬州。遂派罗大纲镇守镇江，令曾立昌驻扎扬州。又在金陵城内街巷和城外高岗建造望楼，在交通要道和关隘据点立下军营，使金陵的巩固有了保障。夺取镇江、扬州的各将领把一部分缴获的粮食、布帛、金银、钱财送到金陵，天王大喜，鼓励守将奋力防守城池，准备继续北伐。

洪秀全又跟诸王会商建都建制的事务。东王杨秀清说：“我朝既然称作天朝，我主又称天王，为什么不把南京改为天京呢？”天王很称赞这个建议，就把原先的朝天宫改为皇宫，将总督衙门改作东王府，又将清朝官绅的一些宅第改为其他各王的王府，都派工匠大加修饰，焕然一新。进而，定官制、立朝仪、订法律、建礼规。还有一个亘古未有的特点，便是设立女官。为了登极大典，又建造龙凤殿，悬挂上了“龙凤朝阳”的匾额，配上光彩的楹联，一派新朝帝王的气派。一切就绪，洪秀全于三月初一（1853年4月8日）升龙凤殿，就天王位，受百官朝贺。礼毕，就在殿中宴会文武百官。

26. 西征北伐

太平军攻占南京之后，清将向荣率领一万七千多人，紧随太平军，赶到南京，把军营驻扎在紫金山孝陵卫（南京城东郊）一带，号称江南大营。钦差大臣琦善和直隶提督陈金绶、内阁学士胜保也领兵驻扎在扬州城外，扬言有五万兵，叫作江北大营。这两个大营的目标都是要夺取天京，剿灭太平天国。面对这种严峻形势，洪秀全召集诸王研究防御退敌的计划。杨秀清向洪秀全建议："派翼王石达开率部夺取安徽一带，令北王韦昌辉进攻江西。我助天王共守天京，静候他们的捷报。此外，年轻将领李秀成、陈玉成等都是很有作为的人才，有他们共扶天朝，向荣、琦善两妖虽说强悍，又有什么可怕呢？"洪秀全认为完全正确，随即派翼王、北王各领人马，分别向安徽、江西进军。两王率兵出发后，杨秀清又派遣将领对天京内外各要塞、据点如雨花台、天保城、秣稜（léng）关等地，加强防卫，布置得像铁桶一般，使清兵无隙可乘。

翼王、北王进兵，旨在夺取长江中上游各省，扩大天朝的领域，巩固武汉、九江、安庆，以保天京，这就是有名的西征。在西征取得一系列胜利之后，洪秀全还与诸王研究制订了一个派精兵良将北上夺取北京，想在短期内一举推翻清政府的北伐战略计划。这样，新建立的太平天国政权就面临着天京地区的保卫战、西征、北伐三个战场，以及同时打击清军的艰巨任务。

根据北伐计划，1853年5月初，在天官副丞相林凤祥、地官正丞相李开芳率领下，两万太平天国精兵，自扬州出师北伐。与此同时，春官正丞相吉文元等也从天京江北的浦口带领一部分太平军和殿左三检点朱锡琨自天京经六合统兵北上，三股人马合计约有四万人。北伐的太平军一路攻滁州、下凤阳，一路出浦口，占亳州。两路会合，进兵河南。长江北岸的清兵见太平军声势浩大，呼吁增援，清廷令胜保出击进剿。谁知胜保的军队还没有行动，林凤祥、吉文元所率的太平军已经攻占了归德。河南巡抚陆应穀得到报告，正打算领兵前去剿办，林凤祥、吉文元领兵又转入开封。陆应穀急忙通知主管全省钱粮赋税的沈兆澐，加紧守备。还没有来得及行动，太平军已经到了开封城下。城内守兵正在无法应战的时候，清朝新任江宁将军托明阿正巧路经河南，他所带的清军跟开封守城兵共同合击，才把林凤祥、吉文元等部太平军杀退。太平军立即攻打荥阳、怀庆，意在主动进攻，牵制清兵。这种战略是遵照天王洪秀全、东王杨秀清所定的“师行间道，疾趋燕京”的方针行事。他们攻击清军虚弱地带，不贪恋一城一地的得失。

太平军北进，愈接近燕京，清廷的防卫愈强。朝廷多次接到太平军进军的警报，遂派直隶总督纳尔经额为钦差大臣，与尚书恩华率兵赶赴河南救援。清军在接近怀庆的地方跟林凤祥、吉文元所带领的太平军相遇。怀庆城内的清兵听说有了救兵，便出城攻击，且胜保所领的清兵已赶到。清兵向太平军开炮放火，攻势猛烈。吉文元中弹牺牲。林凤祥见损丧太大，便从安下的营寨撤出北行，攻入山西，打下垣曲，直到洪洞县。1854年2月，太平军由天京派出曾立昌率领两万军队增援北伐军，由于清军阻击未能与林部会合。林凤祥就命令一部分太平军化装成清兵，暗中开近直隶临洺关。清廷的钦差大臣纳尔经额因为刚刚调转了军队的进攻方向，不辨来兵的真假，已被林凤祥部追上，冲杀进去，攻破了临洺关，清兵无力反击，除死伤外，全部逃入了深州。太平军追击，又攻克了深州。咸丰皇帝听到战败的消息，立即派惠亲王绵愉为大将军，科尔沁亲王僧格林沁等督率京城旗兵的精锐部队，赶往山西进剿。僧格林沁是清朝的第一员名将，有勇有谋。现在他奉旨出师，自然格外卖力。他一到深州，就督促部下的亲兵奋勇作战，只有半天工夫，清军就将太平军驻扎的营寨破除了十多座，杀死太平军一千多人。林凤祥支持不住，只得放弃深州，向东行进。迎面又碰上了胜保的清兵拦击，只好退到静海，1854年10月攻占静海独流镇。从1853年3月出发，这支太平军在清军势力强大的中心地带顽强拼杀了一年半。

再说西征的太平军。自1853年5月出兵，一路进展顺利。6月上旬石达开部攻占安徽省城安庆，下旬韦昌辉部又攻克了江西省城南昌。杨秀清派遣胡以晃、赖汉英驻守两座省城，扼要固守，往来接应。这时，清廷授命江忠源为江南按察使。江南形势紧急，他从小路抄捷径前去救援，才解了南昌之围。江忠源攻下南昌，大力组织防卫。他一面向朝廷飞快奏报胜利消息，一面急忙写信到湖南告急求援。湖南巡抚骆秉章召开会议讨论，会上有人说，湖南有一个大绅士，他胸怀辅佐朝廷治国的才能，具有济世救民的谋略。咸丰元年（1851）皇帝下诏求臣民直言，他曾详细陈述了皇帝应具有三项德操，由于语言过于急切直率，触怒了皇帝。幸亏大学士祁寯藻和他参加会试时的主考官季芝昌两人大力解说救助，才免于治罪。咸丰二年（1852），这个人因为母亲去世，在家守孝。当洪秀全、杨秀清起事时，朝廷有旨，令他帮助巡抚督办团练。他因在居丧期间，本不想过问军事。后友人郭嵩焘劝告要他学习古人以忠君为重，穿着丧服从军卫社稷，才能使自己生得显要、死也光荣。他听了这番劝告，拂袖而起，招募无业百姓充当兵勇，用书生担任长官。他所选的那些长官不是他的同学就是近亲好友。这些人都胸怀经邦济世韬略，可以说是谋划调度于内、决胜千里之外的人才。现在，这个人已创立了几营武装。就怕这个人不出来，他只要一出来，哪愁太平天国不被剿灭？

27. 曾国藩

这个人就是清朝的大臣，姓曾名国藩，字伯涵，号涤生。湖南湘乡人。道光十八年进士，道光末年升为礼部右侍郎。跟骆秉章是志同道合的好友，时常往来，交情很深。眼下见到江忠源乞求救援的信，曾国藩就对骆巡抚说："江岷樵（江忠源字岷樵）有平伏内乱的才能，不应让他坐困危难境地，请救助他吧！"曾国藩认识江忠源，也深知他的才能，所以才这么进言。骆秉章便说："就请老兄帮助他吧！"曾国藩答应了。于是，他跟骆巡抚议定：派遣湘勇一千二百人，楚勇两千，防营兵六百，由翰林编修郭嵩焘、道员夏廷樾、知县朱孙诒三人带领。江忠源的弟弟江忠济和诸生罗泽南也带领一些同乡随同到江西去救援。

曾国藩像

这一支队伍将要到达南昌，正遇上太平军攻城，郭嵩焘立即督促这些兵勇上前阻击敌人。哪知这些兵勇都没有经过长期操练，也没有经过临敌实战的经验，被太平军杀死了数百人。幸亏江忠源从城里出兵接应，才使这支增援队伍得以进入南昌。随后，郭嵩焘等便跟江忠源商议打败太平军的策略。江忠源说；“兵不练不精，剑不磨不利。湘楚兵勇都没有经过训练，不能跟这些强悍的太平军争战。不如先用他们去剿灭土匪，若能把土匪平伏了，使官兵少受牵制，也就是为官兵做了支援。”大家都很同意。于是，夏廷樾、罗泽南、江忠济等人分别带领乡勇去攻打樟树、安福、泰和等县的土匪。不足一个月，几个县的土匪都被剿平，这些乡勇也先后回到了南昌城里。这时，江忠源便跟率领乡勇的各将一同出城，跟太平军打了一仗，竟将太平军杀退了数十里。

郭嵩焘当时向江忠源建议：“南方地势不同于北方，南方几个省大半是水多，沿江一带尽是太平军的船。他们用船，我们陆地上步行，他们安逸，我们劳累。这样下去，哪一天才能平伏他们呢？要想镇压他们，不办水师沿江防堵是不会有效果的。”江忠源认为他说得对。就派郭嵩焘回湖南去请曾国藩代为奏陈朝廷。曾国藩写了奏折，陈请造船购炮，招募士兵，练习操法，以补充水师实战的需要。皇帝批准他的奏请，命令曾国藩按照奏折所说的内容去做。曾国藩得到圣旨后，从长沙到衡阳，赶造战船，创办水师。经过多次的考察和实际检验，选择许多机器和型号，才造出了三种船：一种叫快蟹，船最大；一种叫长龙，略小一些；一种舢板，船最小。快蟹是营官的坐船，长龙是哨官[1]的坐船，舢板是副哨的船。他从衡州、湘潭招募了水师五千人，共编成十个营。任命褚汝航等四人为营官日夜操练。选择熟悉水师的人担任总统。又招募陆军五千人，分设十三营，派周凤山等分别担任各营的管带[2]。此外，他还保举游击[3]塔齐布为副将，充当先锋。水陆两支军队共有一万多人，由曾国藩亲自管辖。只等船只和枪炮弹药配备齐，粮食器械补给充足，就沿江而下，去跟太平军决一胜负，目的就是要消灭农民起义。就在这时，忽然接到报告说太平军率大队人马已攻陷了九江，向湖北各地进兵了。

一天，曾国藩接到了一封湖广总督乞援的公文，他拆开一看，原来是他中进士时的主考官、新任总督吴文镕求救的公函。曾国藩正在为枪炮器械没有配备齐全，暂时不能去救援而苦恼。因为有朝廷圣旨催促，又有座师[4]的要求，他不得不斟酌情况派几个营去救援。正准备调派军队，忽然又接到吴文镕的一封信，才知道太平军已被击退。信上还说，在衡阳、

[1]哨官，清末新军编制的官名，约相当于现代的连长。

[2]管带，清末新军编制的官名，约相当于现代的营长、舰长。

[3]游击，清军旧制的官名。

[4]座师，又称座主，明清科举制度应试者对自己的主考官、总裁官的尊称。

湘乡的水师应该集中精力加强训练，千万不可轻率疏忽，那是关系大局的事。曾国藩这才放了心，没有调拨军队去救援。

没想到一波未平，一波又起。忽然接到安徽的警报，说太平军一连攻占了舒城、桐城，又打到了庐州。朝廷已颁发圣旨，授江忠源为安徽巡抚，并责成曾国藩出兵前去救援。曾国藩因为各项部署还未决定，不敢轻易发兵。江忠源鉴于庐州形势紧迫，决定先到湖北。刚到达六安，由于将士中生病的人很多，不能前进了。江忠源只得把总兵音德布及生病的兵士留在六安，自己挑选强健的官兵两千多人，再加上几百名亲兵，共计三千人，迅速赶往庐州，全力防守城池。没想到太平军首领秦日纲秘密联合清朝知府胡元伟做内应，将南门偷偷地打开，放进了太平军。一时火光升空、杀声震天，形势就像开了锅一样。江忠源知道大势已不可挽回，在杀了几个太平军后，由于自身已经几处中弹，便投水自杀了。

消息传到衡州，曾国藩叹息不止。随后又接到黄州的不幸消息，说湖广总督吴文镕阵亡，曾国藩听了大吃一惊。经探询才知道黄州失败的原因是由于巡抚崇纶的倾轧陷害，这使他怒不可遏。正在这时，又接到圣旨，令他速率炮船救援武昌。曾国藩集中了大批水陆兵马、船只，从衡州出发，聚会长沙。然后，水师沿江而下，陆军分道前进。行军途中几次传来报告，说太平军已经攻下岳州、占领湘阴，进入宁乡了。曾国藩听了这些消息不禁大叫："了不得了！"于是，立即下命令：水师开往湘阴，陆军直赴宁乡。他令褚汝航率领几艘船在前面开路，将要到达湘阴，太平军便闻风撤走了。

曾国藩听说先遣船队取得胜利，就督促后面各船迅速跟上。船到湖口，突然刮起飓风，船只被吹得摇摇晃晃。等到风停，已有几十条船损坏了，被水淹死的兵士达数百人。他急忙下令先将所有船只统统开进港内避风修理，再考虑进军办法。接着又得到报告，清军在宁乡打了胜仗，太平军统统逃跑了。又得知储统领在追击太平军时，中计身亡，曾国藩甚感惋惜。后来又有报告说邹、杨两位统领在追击太平军的时候，被清军统领王鑫的败兵冲击，太平军反败为胜，反而把清军冲散了。曾国藩对王鑫深表愤慨地说："他平日不听我的话，自树一帜，以致大败。可惜我军反被他牵扯连累，如果不去救他，那就不知会糟到什么程度。"因此，还是派褚汝航带水师三营赴岳州支援。褚汝航刚出发，又接到警报，说太平军杀进湘江，占领了靖港，分几股绕道攻打湘潭，占住了长沙上游，把清军牵制住了。这都是王鑫自诩才高造成的。曾国藩心里虽然很愤怒，却不能因他一个人破坏了全局。于是，迅速向塔齐布传达命令，要他立即增援湘潭。

曾国藩自己便率领水师迎击靖港的太平军。正要出兵，恰好贵州道台胡林翼来到。原来胡林翼是受已去世的总督吴文镕的调遣，前来助吴的。现在吴文镕已经战死，他只好来见曾国藩。曾对于胡林翼一向是很敬慕的，两人相见，都很高兴。曾国藩便令他率领黔勇跟塔齐布一同救援湘潭。曾国藩自己率水师去靖港，却被太平军乘风杀进去，清兵纷纷溃逃。曾国藩看到情势危急，无法挽救，便仓皇投水自尽，多亏他身边的部属捞救，才未丧生。曾国藩只好带领这些残兵败将退到城外妙高峰寺暂时住下。然后召集众将领共商对策，曾国藩说：“靖港这一仗打败，湘北地区也就动摇了。如果湘潭再失守，南面又要受威胁。”杨载福接着说：“眼下只有增兵救援湘潭，才能保证没有后患。”曾国藩问：“谁可去呢？”杨载福答：“我杨某虽然才疏学浅，倒愿带领一营水师去帮助那里的守将塔齐布。”彭玉麟接着表示：“杨载福的话讲得很好，我彭某愿跟他同去。”曾国藩见他二人意志相同，立即同意他们的主张。彭、杨二人便集合船只，扯起风帆，迅速向南方驶去。他们逐渐接近湘潭时，老远就听到一片呐喊声，知道正在进行战斗，就加速前进。他们见到太平军正在水、陆两面夹攻湘军，只见塔齐布、胡林翼在分头迎敌。杨载福、彭玉麟率先投入战斗，火药枪射击、带火的弹子直接飞向太平军水师的船上。

太平军首领正在督促士兵进攻，没想到清军水师突然赶到，子弹密集得像遮天蔽日的蝗虫飞动，烟雾弥漫，打得太平军手忙脚乱，不敢对抗。他们便舍弃船只登陆，所剩的船只就不多了。那些上了岸的太平军官兵，被塔齐布、胡林翼拦截击杀了一多半；乘小船逃走的，又受到杨载福、彭玉麟的剿杀，使得太平军水上、陆地都难以容身，很快便逃散得渺无踪影。这一场会战，太平军被杀戮四五千人。塔、胡等将领将收复湘潭的情况派人到长沙去报捷。曾国藩得知胜利，非常高兴，总算在靖港惨败之后得到一点安慰。他立即将靖港和湘潭战况写成奏折陈报皇上。

随后，京城传来圣旨，湖南提督鲍起豹畏敌回避，不敢迎战，应予革职，任命塔齐布署理。曾国藩接旨后，立即通知塔齐布到省城来就职，并责成他把湘潭的水陆各军整顿好。这时又遇到广西知府李孟雄、广东副将陈辉龙各自率领水勇、战舰赶到长沙来随同曾国藩进剿太平军。这两个人很自命不凡。曾国藩对他们勉励一番。

1854年2月至3月间，太平军不仅取得了攻克岳州、湘阴、宁乡的胜利，还分兵联系湖北会党，攻取了华容、澧州、常德等地区。曾国藩听到这些消息，立即组织各路清军，分为水师三路、陆军三路，共同进剿。第一路水师营官褚汝航与太平军刚刚接战，曾国藩所率的杨载福、彭玉麟部组成的第三路船队也已赶到。紧接着陈、何的第二路也到了。三路夹击，太平军被迫弃船撤退。曾国藩见水师取得了胜利，便通知陆路的塔齐布、胡林翼与水师配合，直攻岳州。守城的太平军见清军来势凶猛，兵队很多，便向湖北撤退。塔、胡攻占岳州后，迎曾国藩进城。稍事安顿，就听到探报说，太平军并没有走多远，就在岳州附近。于是，曾国藩又令各路将领分头出发追剿，自己则在岳州守候捷报。不久，从城陵矶传来了水师胜利的消息，说缴获了船只七十六艘，斩杀太平军千余人。接着擂鼓台也传来消息说，取得胜利并斩杀了太平军首领曾天养。

正在曾国藩和他的将领们为胜利所陶醉的时候，忽然传来了不幸的消息，清军水师追剿太平军到螺矶，途中遇上逆风，太平军乘势放火反攻，烧毁清军战船三十多只。褚汝航等五个将领坚持不退，先后战死。曾国藩得到这些消息惊慌失色。他原打算亲自督率几路水陆清军不仅解除长沙之围，还要乘胜攻克靖港，把湖南的太平军一齐歼灭。谁知太平军在靖港用炮击、火攻，重重打击了他所统率的水陆各师。在危急时刻，他曾严令官兵不能溃逃。但这些命令没能挽救败局，军队溃逃，使湘军陆上军队人心惶乱，遭到太平军围歼。曾国藩愧恨不已，又一次投水自杀，经部下救起，神情沮丧。但是，太平军自从湘潭失利，进入湖南的兵力已感不足，钳制长沙、围歼湘军的计划被迫放弃。由于石祥桢部太平军北撤，使湘军在惨败之后，又有了喘息时机。加上杨载福、彭玉麟抵御得手，塔齐布又攻克了擂鼓台，才使曾国藩重振精神，准备再次组织水陆军队，合力反攻，但又恐塔齐布一支军队不足调遣。

正在主意不定的时候，忽然有人禀报周凤山、罗泽南自长沙到来。这二人见到曾国藩便说："我们是奉骆巡抚之命来助剿太平军的。"接着又有人报告，李孟群也来了。曾国藩见各处都派兵陆续相助，非常高兴。于是命令周凤山赴擂鼓台，罗泽南去城陵矶。李孟群请求充当前锋，曾国藩就派他到城陵矶去帮助水师。这一番调度完毕后，水陆并进，塔齐布军最先杀向敌阵，湘军继续跟进。太平军的营垒被冲破，几十座营地被摧毁。清军夺取港口数处，进驻螺山。

曾国藩得到捷报，立即奏陈朝廷。圣旨下，赏曾国藩三品顶戴。他因母丧，守制三年还未期满，上书诚恳辞谢皇上的赏赐。并附带奏陈李孟群的勇猛顽强，为报父仇，剿杀太平军。朝廷降旨提升李孟群为道员，跟随曾国藩军营效力。曾国藩又令他所带领的水陆各军，出金口向前追剿。1854年10月，湘军在湖北得到荆州将军派遣魁至、杨昌二人率水师五千相助，分三路猛攻武汉，湘军水师李孟群部盘踞长江与汉水的会合处，隔断了武昌与汉阳之间的联系。太平军奋战一天，汉阳、汉口相继被清军攻占。武昌太平军守将石凤魁、黄再兴仓皇撤退，置太平军西征水师不顾，致使五千多艘船只全被清军焚毁，石、黄二人被逮回天京，按律处斩。

曾国藩接连攻下了汉口、武昌等大城，上表奏捷。朝廷颁旨，赏他二品顶戴，加赏花翎，任命他署理湖北巡抚，不准上书谢辞。他手下的将领也都受到不同的奖赏。并责成他统率水陆各军，沿江东下，乘胜追击。曾国藩率领军队一路进展顺利，撤退的太平军来不及组织抵御防线，清军攻到田家镇，才受到太平军的阻击。武汉战败以后，太平天国的东王杨秀清立即派燕王秦日纲从九江赶到田家镇布防固守。这里是军事要地，势在必争。秦日纲将田家镇跟蕲州、半壁山用筑土城、架铁索和蔑缆连成一个整体，江面上布置了五座大木簰（pí），上面架设枪炮。曾国藩督率劲旅猛烈冲击，都遭到失败。11月下旬，他以更大兵力袭击太平军，于是展开了血战。太平军守将石镇仑战死，半壁山失守。湘军用烘炉、大斧破铁索、竹缆，放火烧木簰，烧毁太平军船只四千多艘。太平军退守九江。湖北完全被清军控制。西征的太平军丢失了武汉，形势恶化。

28. 北伐军覆灭

再说北伐的太平军。自从咸丰四年（1854）正月，林凤祥自深州被僧格林沁击败，退据静海之后，清将胜保多次进攻，都没有得逞。后来，在僧格林沁、胜保两军夹攻的情况下，林凤祥兵力不敌，才向南撤退。北伐军在天寒地冻、缺衣少粮的艰难条件下坚持战斗，已经精疲力竭。3月，在夺取阜城的战斗中，平胡侯吉文元阵亡。5月到达连镇，沿途损失惨重，只能坚守待援。天京得到北伐军自静海南撤的消息后，立即派了夏官又副丞相曾立昌、丞相陈仕保等去接应。这支援军经豫东入江苏，插进鲁西，3月底包围临清，4月中攻占临清。这时两支太平军已经相距很近，但是，由于清军退出临清时已将粮草全部焚烧，援军无粮，胜保和新任山东巡抚崇恩又合兵围困临清。这支援军就出现了抢劫财物、哗变逃亡的严重情况，只好撤出临清。这时曾立昌主张北上，但多数将领却要求南撤。5月初，在江苏丰县渡过黄河故道，由于清军紧追不舍，除两千多人过了黄河外，曾立昌和其他援军全部牺牲。渡过河的部队在转战中伤亡很大，陈仕保也战败而死，只有很少数人回到太平军中。这支援军覆灭了。太平军原想组织第二次北援，由于后来西线战事紧迫，并未实现。

待援的北伐军困守连镇，只剩下两千人，在清军重围下，弹尽粮绝。3月，清军攻入连镇，林凤祥挥刀冲杀，中箭被俘，押解北京被寸磔[1]而死。另一路北伐军在李开芳率领下困守冯官屯，被僧格林沁所部清军层层围击，引水灌屯，屯破，全军覆灭。李开芳被俘，丧失气节，六月被杀。僧格林沁回京，受到皇

[1]寸磔，又称凌迟，一种酷刑，即一刀刀割肉处死。

帝的优厚奖励。至此，北方的太平军被清军全部镇压了。

29. 曾国藩投水

西部的形势也面临严重局面，自从太平军在湖北失利后，湘军塔齐布、罗泽南、李续宾、蒋益澧和湖北的胡林翼都已进驻九江城下。曾国藩则到南昌添置炮船，以备接济。九江是兵家必争的战略重镇，太平军也必须全力打击西线的湘军，固守九江。天王和东王派遣翼王石达开为统帅，由胡以晃率大军自安庆赶到湖口。罗大纲也从饶州领兵赶到湖口协助防务。年轻的骁将陈玉成从江北来到九江，协助林启容固守九江。两军决战阵势已经摆开。清军对九江的攻势猛烈，城内的太平军已经到了绝粮的程度，林、陈等将领仍组织太平兵顽强抵抗。石达开面对强敌，深谋远虑，认为只有沉重打击敌人水师才可出奇制胜。他一面派兵不断扰乱官兵，一面佯装撤退湖口防御，引诱一部分敌船深入鄱阳湖，然后，重新封锁湖口，把湘军水师分成两部分。1855年2月，石达开、罗大纲乘敌不备，率轻舟逆流而上，直接攻击曾国藩的座船，斩杀座船的管驾和监印。太平军乘势围攻，喷筒、火弹齐发，火光万丈，杀声震天，把湘军水师打得辎重丧失，溃不成军。曾国藩万分狼狈，神情不宁，又一次投水自杀，经救起一时无力反击太平军。塔齐布在战后病死。曾国藩急忙赶赴祭奠塔齐布，送其灵柩回籍。

30. 罗泽南殒命

九江、湖口战役，太平军取得大胜，粉碎了湘军沿江东下的进攻计划，也增强了长江两岸太平军陆军的实力。就在清朝湖北巡抚陶恩培接任后两个月，长江北岸的太平军罗大纲、韦俊部和南岸的罗大纲部，分兵合击，1855年4月第三次攻占武昌。此外，太平军在江西也收复被湘军攻占的城池。

这时，罗泽南向曾国藩上书，谈他对形势的看法。他认为东南大局，系于武昌的得失。要控制江苏、安徽，非夺取武昌不可，守株待兔似地留在江西，对于控制大局毫无帮助。曾国藩很称赞他的见解。但是，由于塔齐布刚死不久，杨载福、彭玉麟又没有赶到，就暂时没有答复他。罗泽南见无回音，就亲自到军营来找曾国藩，陈述他的全盘战略设想，曾认为是切实可行的，于是，给他调拨了五千兵，并令幕宾[1]刘蓉随同前往，以便给予帮助。罗泽南大喜，并对曾国藩说："九江陆师只宜防守，不可进攻。"曾国藩答："敬听你的安排。"罗泽南又说："此去如不克复武昌，誓不回来见您。"曾国藩见罗泽南脱口说出了不吉利的话，心中又感激又叹惜。罗泽南又请郭嵩焘与他同去，郭嵩焘说："你去武昌，此地必定不能坚持，如果有其他的不测，怎么是好呢？所以我不能与你同行。"罗泽南说："曾帅自己创练水师，当能够自立，必不会有什么滞碍吧！"于是，他与郭嵩焘揖

---

[1]幕宾，原称幕友，指将帅幕府中的参谋、书记等人员，后来成为地方军政官员聘用办理文书、刑名、钱谷等佐助人员的通称。也称为"幕僚""西宾""师爷"。

手告别，独自率兵西行。

罗泽南一路上屡次传来捷报，听说湖北巡抚胡林翼已攻下武昌，心中大喜。罗泽南把带去的军队分为三路，自率中军进入湖北。一连攻克通城、崇阳，进取蒲圻，收复咸宁。其实，当时正是胡林翼兵败的时候，胡林翼从汉阳渡江跟罗泽南会面。罗泽南问："现在德安一路战况如何？"胡林翼说："德安一路比从前大有好转，以前被杨制军（杨霈）所弃，现在朝廷任命官文为湖广总督，稍有振兴。"他们正谈论时，忽有报告说，太平军的翼王石达开领兵五万，将要到蒲圻城下了。罗泽南听后就说："我去杀他一阵再说吧！"胡林翼道："你先行，我作后继。但愿将强悍的敌人扑灭，我们再一同合攻武汉吧！"于是，罗、胡两支人马先后启行。到达蒲沂，正碰上石达开的先头部队。罗泽南率部勇往直前，毫无畏惧。接着，胡林翼部也赶到了，与石达开的军队展开激战。罗、胡全力猛烈挺进，石达开领军退入江西。罗泽南说："太平军到江西，恐怕曾统帅的处境要危急了。但也只有等武昌克复后，才可能去救援江西！"就协同胡林翼合攻武昌。太平军也多次出击劫营，总是被罗泽南部杀退。

咸丰六年（1856）三月初一，忽然看见一颗大星落到西北方向。次日早晨，大雾遮天，太平军蜂拥出城，直扑罗泽南所率的湘军。尽管罗泽南指挥得法，但对方军队太多，加上枪炮子弹如下雨一样密集。罗泽南忽然被子弹打中了左额，只好撤兵。没有几天，罗泽南就死了。

31. “夫人城”

胡林翼将情况上奏朝廷，皇上降旨，赐罗泽南谥号，抚恤家属，令李迪庵代理罗军首领，驻扎洪山。胡林翼就驻扎在五里墩。不料，这时江西一再告急，胡林翼便派四千兵前往救援，援军还没有到，江西已被太平军攻占了一半地区。在此之前的战况是这样：先是石达开战败，退到安徽，攻破省城安庆。接着秦日纲攻破庐州，打死江忠源。石达开又从侧面插入湖北，被胡林翼的军队一攻，才退入江西。太平军会合广东的土匪，攻打江西边界，一连攻占了几座县城，以致南昌戒严。这时，在江西的陆军只有周凤山一军，水师又在湖北。现在大股的太平军扑上来，所以情况万分紧急。曾国藩正是鉴于这种情况，才焦急地写信求援。正在筹划对策，忽然有一个人布衣草鞋，徒步走进军营。曾国藩见了面，才知是彭玉麟，十分高兴地说：“你来得正好，赶紧统率水师，赶到临江县阻剿太平军。”彭玉麟还没有启程，周凤山失败的消息就已经传来了。曾国藩急忙赶到南昌去帮助巡抚文俊守卫省城。

江西总共有七府一州五十余县，绝大部分地区都被太平军攻占了，只有南昌、广信、饶州、赣州、南安五郡还归清朝所有。广信府是一位女将军在助夫守城，太平军杨辅清部却屡攻不下。这位女将军就是广信知府沈葆桢的夫人、林则徐的女儿。这时，知府正在河口筹办粮食，听说太平军到达，城中官兵都逃走了。知府赶忙回城，见守兵都已溃散，进了知府衙门，也不见一人。只见夫人出堂，沈葆桢说：“贼兵将到，夫人何不逃避？”夫人答：“你是为君国大节留守，我是为道义留守。赶紧设法守城吧！”沈葆桢说：

“孤城怎么能守呢？”夫人道：“府衙内库金银还有，可以用作犒赏军队。堂上有大锅一口，可以为军队做饭。现在只管命令民兵守城，再说公牍文书的事务吧。一切不劳你过多操心。”

于是，沈葆桢召集民兵进入知府衙门，夫人取出金银等财物，向民兵们说：“贼兵将要到了，这座城不能保守。现有金银在此，你们随便取些，作为路上的盘费，免得受累。”民兵们说：“我们情愿同老爷一起守城，不愿逃走。”沈葆桢道：“你们既是一片忠诚之心，我就来为你们办炊事。没有什么难处吧？”民兵格外感激，都竭力固守。夫人又写了一封血书，派人到浙江总兵饶廷选那里去求救。饶廷选见夫人血书，兼程赶到。正碰上太平军首领杨辅清也到了。他们见城上旌旗蔽空，心中感到怀疑，没想到城中会突然拥有了这样一大队生力军。守城兵士像龙虎一样勇猛，将太平军杀得大败，使太平军不得不退后五里安营扎寨。随后，饶总兵又领军进攻，太平军怎么能支持得住呢？即便这些本地民兵都退走，太平军也不再进犯这座城池。

广信府的情况传到曾国藩营中，他便将沈夫人出谋划策守城的事迹奏报朝廷。圣旨下，提升沈葆桢为兵备道。后人把这座城称为“夫人城”。曾国藩自从得到胡林翼援军四千和骆秉章巡抚的数千兵，以及他弟弟曾国华所募义勇数千，分路接应，才将新昌等城克复，使江西与湖南、湖北的道路逐渐连通。

32. 张国梁

咸丰六年（1856）五月，钦差大臣向荣因琦善疏忽防务，以致瓜州被太平军首领赖世英率部攻陷，太平军派遣军队四面袭击，使整个江南都不能安宁，所以派兵前往援助，指望收回瓜州。他派遣张国梁前往剿办。张国梁屡战屡胜，迫使太平军一起退入了金陵。张国梁乘胜向前追击，老远就看见清军大营起火了，知道清营中发生了事变，急忙折返军营。

到了孝陵卫，却不见大营，也不知道向荣的下落。向左右两面扫荡、出击，也找不到向大帅的踪迹。他正在焦灼，忽然见东南边火光照红了半边天，露出了“向”字大旗。他就向那个方向奋勇冲杀，才见到向荣大帅正在万分危急之中。他便大喝一声：“国梁来了！”急忙冲进太平军队伍中，保护向荣大帅冲出重围。向军见到张国梁率领的援军到来，也就振奋起来，突围后退驻丹阳。向荣因此忧愤成疾，不几天就死了。他临终时一面把兵权托付给张国梁，一面向朝廷奏明情况。皇帝降旨，命令张国梁代为统领向荣的队伍。

33. 天京事变

洪秀全自从打败向荣的军队后，变得异常骄傲奢侈，杨秀清也更加荒淫暴虐。他们之间的矛盾突出了。其实，太平天国领导集团内部矛盾的酝酿由来已久。洪、杨矛盾的起因可以追溯到太平天国革命发动期间扬代天父传言。那时这样做起到了巩固拜上帝会的作用，但是，从此杨秀清也就具有了一种特殊地位。因为，上帝既是全知全能的唯一真神，洪秀全自称是他的次子，次子总是秉承天父意旨办事的。杨秀清能代表天父讲话，就有可能责令洪秀全听从杨的安排，在宗教程序上说，并不悖理。但是，洪秀全是天王，杨秀清只是东王，东王在政治上应该接受天王领导，这也是天经地义的。因此，在宗教与世俗的权力之间就不可避免要产生矛盾。

随着形势的发展，杨秀清的权力日益增大，这种矛盾变得更为尖锐了。在永安封王时，就已规定，东王在天王之下，节制其他诸王。从广西一路北上，杨秀清的确充分发挥了他的政治、军事才能，许多重大事情，特别是军事上的紧急情况都是他主持。定都天京后，天朝的实际事务大都是先在东王府商妥，再会奏天王，天王无不照准。洪秀全深居简出，权力实际上集中在杨秀清手里。但洪秀全并不甘心居于形式上的最高领导者，在他头脑中“生杀由天子，诸官莫得违”的观念，依旧很强烈，而且还幻想子孙世袭，万方来朝。因此在政治权力上的矛盾也是迟早要互不相容的。随着杨秀清权力的扩张，他开始滥用代天父传言的权力，折辱天王和其他诸王，独断专横，争权夺利。他曾假借天父下凡，把洪秀全召进东王府，跪在他面前听取他用天父名义发布意旨。

1853年12月24日，杨秀清又一次假借天父下凡，责怪洪秀全处罚女官过于苛刻，不仅迫令他认错，而且要打他四十大板。直到洪秀全准备挨打，再次承认错误，东王才以上帝的名义赦免。此外，杨秀清专横跋扈，为了庇护他的同庚教，不惜杖责燕王秦日纲、兴国侯陈承瑢、卫国侯黄玉昆。黄玉昆是翼王石达开的岳父，除了被杖责三百外，还被革去侯爵，降为伍卒。这样的事不止一二件，在太平天国将领中自然产生了很大的反感。北王、翼王、燕王都对东王积怒成仇。

1856年8月，在西征取得胜利、天京外围打败了向荣、天京形势好转的时候，本已九千岁的杨秀清，却逼着洪秀全封他为万岁。洪秀全被迫说："东王打江山，亦当是万岁。"接着杨秀清还要洪秀全封他儿子为万岁。洪秀全原以为太平天国的政治原则是"洪蒙天下杨家将"，如今，杨秀清竟逼他到这种地步。于是他密令在江西前线的北王韦昌辉和在丹阳前线的燕王秦日纲回京，于9月2日杀掉了杨秀清。杨的部下人人自危，奋起反抗，韦昌辉策划种种阴谋，将他们斩尽杀绝。他和秦日纲总计屠杀了两万多人，老弱妇孺都没放过。翼王石达开赶回天京，指责韦昌辉、秦日纲滥杀无辜，韦昌辉、秦日纲又想杀石达开。石达开用绳子从城墙放落，逃出天京。韦昌辉又把石达开留在天京的家属全都杀掉。秦日纲派兵追赶，在江北西梁山消灭石达开的驻防兵。石达开将武昌洪山的四万军队调回，讨伐韦昌辉和秦日纲。石达开在领兵回京的路上，上书天王，请杀韦昌辉、秦日纲，并威胁说，不杀这两个人，他就要"攻灭天京"。11月2日，天王下诏，杀了韦昌辉及其追随者二百多人，派人把韦昌辉的人头专程送给石达开，同时把秦日纲逮回天京斩首。当时，清兵正在包围宁国，石达开率部进击清军，解了宁国之围，然后才回天京。

石达开到京，满朝文武都来欢迎他，并向天王保举石达开辅政，把翼王称作"义王"。但是，受杨秀清专横跋扈之苦的洪秀全，眼看大家拥护翼王，反而内心不安。他虽然用翼王，却另封自己的长兄洪仁发为安王，次兄洪仁达为福王。这两个人目光短浅、逐利弄权，时常牵制石达开。石达开对于洪秀全的不满日益增长，于1857年5月带兵出走，经安庆到江西，沿途张贴布告散布对洪秀全的不满，却始终坚持反清“灭妖”斗争。这就是有名的“天京事变”，从此，太平天国走向衰弱。

34. 太平军兵败

曾国藩在江西得了两湖的援军，又听到了太平天国内乱的消息，他和他手下的水陆将领无不兴高采烈。他们在江西境内向太平军发动猛烈进攻。1857年9月至1858年9月的一年间，清军先后攻下了袁州、瑞州、湖口、临江、建安、抚州、吉安。杨载福率水师四百余艘、李续宾率陆军八千由江西到两湖，后来都围逼水陆要地九江。九江的战斗也最残酷，林启容率一万七千太平军坚守城池，天京完全不能接济，他们只好种粮自食。后来官军挖地道、炸开城墙，大兵拥进。太平军与官兵展开巷战，短兵肉搏，全部壮烈牺牲。曾国藩重金犒赏了三湘官兵，以慰劳湘军的功绩。

安徽的形势也是官军在各地地主武装配合下，连续攻夺了三河、庐江、和州、巢县，把太平军李秀成围困桐城，安庆也就被孤立了。天京附近的清军江南大营，自向荣战败后已难以威胁太平军。这时，又由和春、张国梁重新组织起来，并攻占句容、漂水，进逼镇江。1857年底镇江被清军攻占。

曾国藩在九江过了年，忽然接到他父亲去世的讣报，痛苦不已。又接到王璞山病死的消息，王璞山是奉骆秉章之命调赴临安的。当时正是耆龄新任江西巡抚，他唯恐临安失守，就把王璞山调往吉安。王璞山到吉安正碰上出走的石达开所率太平军开到，两兵相接，他一场胜仗也没有打，竟因此忧郁成病，以致身亡。幸好曾国荃的军队赶到，才稳定了军心，曾国荃便率军猛攻石达开。石达开因全家在天京被杀，自己拉着队伍出走，在装备、军心上都不如从前，只好带兵退离江西。

江西、安徽、江苏的军事斗争形势都是清军扩张，太平军败退。出现了太平军四面据点先后丧失，清军逐渐形成进逼天京的危急局面。

35. 《天津条约》

就在清政府全力镇压太平天国农民起义期间，英、法侵略者借口亚罗号事件[1]和马神甫事件[2]向中国发动了第二次鸦片战

---

[1]亚罗号事件，1856年10月8日，中国广东水师检查走私船只，从中国船亚罗号上拘捕十二人。英国驻广州领事巴夏礼借口该船在香港领过停泊登记证，对中国水师的检查横加干涉，还伪造中国水师撕毁英国国旗的情节。事实上所谓登记证早已过期，该船并未挂英国旗，也就不存在撕毁英国旗的事了。但英国巴麦尊内阁却利用这一事件，发动了第二次鸦片战争。

[2]马神甫事件，又称西林教案。1853年法国天主教神甫马赖，非法潜入广西西林活动，作恶多端，激起广大人民的愤恨。1856年西林知县张鸣凤逮捕马赖等二十六人，依法判处马赖死刑。次年，法皇拿破仑三世以这一事件为借口与英国联合发动了第二次鸦片战争。

争。最初是英国侵略军闯进省河、炮轰广州，一度攻进广州城，烧杀抢劫，总督衙门也被洗劫一空。部分清兵和广州人民奋起抵抗，英军只两千人，无力占领省城，当晚退出。英国于1857年2月决定对华战争，派额尔金率领一支侵略军杀向中国。法国以保护教会名义，也派军队，与英国勾结，共同侵华。1857年12月，英法照会两广总督叶名琛，提出修改条约、赔偿损失、严惩广西西林官吏，进入广州城等要求，限十日答复。叶名琛昏聩虚骄，他既不理睬照会，又不进行备战。限期到，英法侵略军一举攻占广州，叶名琛抱不抵抗宗旨，和其他官僚都成了敌人的俘虏。当时人们讥笑他的对敌六不方针是："不战，不和，不守，不死，不降，不走。"1859年，他在印度囚禁中死去。广东人民进行自发的反抗斗争，在港澳谋生的中国工人两万多人罢工回家，使外国人的各项活动陷于停顿。1858年，英法联军北上，胁迫清政府于同年6月签订中英、中法《天津条约》。美国则声称调解，在英、法之前也与清政府签订了中美《天津条约》。中英、中法条约内容有六条：增开牛庄等十口通商；外国公使常驻北京；外国人可进入内地游历、通商，自由传教；外国商船有权在长江各口往来；中国给英国赔款银四百万两，给法国赔款银二百万两；修改海关税则。规定一年内在北京互换批准书。

1858年5月，沙俄利用英、法侵略军攻占大沽炮台的时机，武力迫使清朝黑龙江将军奕山与其签订《瑷珲条约》，强行割去中国领土六十多万平方公里。

36. 李续宾战死

再说国内政治斗争状况。太平天国为扭转不利形势曾作了多方面的努力。洪秀全采纳李秀成的劝告，严法令、正赏罚，罢黜了洪仁发、洪仁达的王职，封陈玉成、李秀成、李世贤、韦俊等青年将领为前、后、左、右军主将。杨辅清脱离石达开，率部回到安徽，被封为中军主将。陈玉成、李秀成在淮北扩军，争取皖北的捻军，使太平天国的军事实力有了很大增长。1858年8月，太平军将领在枞阳集会，会后陈玉成、李秀成在安徽南部分兵合击，围攻浦口清军江北大营。钦差大臣德兴阿和主要将领焦惶不安，逃往扬州，重炮和器材被太平军缴获，一万多清兵被歼灭，江北大营被摧毁。浦口与天京一江之隔，收复浦口，扩大外围，使太平军确保天京有了保障。

与此同时，清朝湘军中最强悍的一支队伍由李续宾率领攻打安徽，在不到一个月的时间内连续攻陷了太湖、潜山、桐城、舒城，并与多隆阿、鲍超等由北南下的清军配合，准备夺取安庆。11月中，陈玉成部与李续宾部展开激战。李秀成也率部前来支援。李续宾与陈玉成交锋时，也曾向胡林翼请求援军，但胡林翼因守丧去任，总督官文是满人，见了文书，并不在意，以致援兵一个也没有。李续宾愤怒地说：“就是无援兵，我也要攻破他们的坚固堡垒。”到了冲锋的时候，他自己最先冲进太平军营地，忽然看见对方军队众多，一齐压上来，一面“侍王李”、一面“英王陈”的大队，正严阵以待，把李续宾层层围住。李续宾左冲右突，不能出围。他只好仰天长叹地说：“我的性命就丢在这里了！”遂下令让追随他的官兵各自逃命。一些将领说：“你不辜负皇上，我们怎肯辜负你呢？”李续宾便传令等到月亮出来，就突围。当月亮出来时，他发现太平军密集包围，根本无法脱逃，就上吊死了。他的将领二十多人、兵士难以计数都被打死。湖广总督官文、湖南巡抚骆秉章急忙将情况奏报朝廷，朝旨调曾国藩移师援助安徽。曾国藩请求起用去任的胡林翼任湖北巡抚，皇上允准。

37. 左宗棠

胡林翼接受任命后，驻扎在黄州，组织官兵，严守地盘。曾国藩率兵开进安徽，刚入省境，就听说庐州被太平军攻占了，清将李孟群战死。又听说石达开率兵开进了湖南，湖南是曾国藩的故乡本土，他只是焦急并无好办法。于是写信给湖南巡抚骆秉章，请他组织力量抵御。骆秉章幕府里有一个大人物，此人就是左宗棠。左宗棠，字季高，湖南湘阴人，常以管仲、乐毅这类历史名人自比，使不免有才高招怨的事，险些把性命断送在骆秉章手里。幸亏曾国藩、胡林翼二人上书，举荐左宗棠的才能可以担重任，才保住他的性命，免罪回乡。到石达开打进湖南，骆秉章便再次请他出来任职，让他从事军务，招募军队，择险设防。一个月的时间左宗棠竟组织起了四五万人。石达开在湖南不能立足，就开往西南去了。

曾国藩听说湖南安全了才放心。他正在安徽忽然又得圣旨，督促他到四川去堵剿石达开。他到了黄州，又听说石达开并没有入川，就暂留黄州。在他跟胡林翼会面的时候，谈起了左宗棠的为人，胡巡抚说："此次石逆进犯湖南，若是没有左季高在此地，我真是照顾不及啊！"曾国藩说："圣旨责成我去攻打安徽，我如到那里去进剿，老兄你一定要帮助我！"胡林翼答："这就无须嘱咐了！"曾国藩告别，直去武昌，拜望湖广总督官文。两人相见格外谦和恭敬。随后，曾国藩就由武昌到建昌去了。胡林翼也迁移到了英山，并命令多隆阿统领几路军队，以鲍超为前锋，蒋凝学为后卫，浩浩荡荡，向太湖地区杀去。

38. 陈玉成

陈玉成曾被清军叫"四眼狗"，他听说清军大队来进攻，急忙召集捻军首领龚瞎子[1]等，由庐州进发。多隆阿听到这消息，便急令鲍超率部回头攻剿，正好跟陈玉成相遇。陈玉成的军队比鲍超多几倍，把鲍超所率清兵围得水泄不通。鲍超多次冲锋突围都失败了，急忙飞书向多隆阿告急。几天后并不见救兵，只好写信向曾国藩、胡林翼告急。曾国藩见信，知道事态危急，立即发

---

[1]龚瞎子（？—1861），即龚得树，捻军白旗总目，安徽雉河集龚古寺人。捻军起义后，为张乐行部军师，足智多谋，捻军中人尊称"龚先生"。他力主捻军与太平天国联合，曾率部多次配合太平军陈玉成、李秀成部作战。1861年随陈玉成第二次西征，在湖北罗田松子关中炮牺牲。

兵前往救援，胡林翼也派兵相助。鲍超得到救援，精神大振，就乘着风势放火突围，一连烧了太平军七十多座营垒。陈玉成见军队大乱，便率众撤退。捻军更是逃得无踪影了。太湖地区的太平军得知这种消息，也弃寨散逃。于是，太湖完全被清军控制。

39. 江南大营

也就在这时候，太平军认为清军江北大营虽然摧毁了，江南大营仍然威胁着天京。因清军挖壕固守，正面进攻很难，李秀成与1859年才到天京、如今正辅助天王的洪仁玕商议，决定断绝清军粮饷供应的后路。江南大营调兵救援，就可乘虚回击。1860年1月李秀成作了部署，经宁国、武康，直攻杭州，3月中占领杭城。清朝钦差大臣和春、帮办军务张国梁果然调兵援救杭州。太平军只留旗帜作为疑兵，大队迅速撤离，同时从苏南、皖南和天京城内多路进兵，使江南大营兵力分散应战，而远在杭州的清军一时也难以调回。

1860年5月，太平军多路人马扫清外围之后，便直逼孝陵卫的清军江南大营本部。钦差大臣从睡梦中惊醒，上马窜逃，营内存放的十多万两白银以及大量的枪炮、火药、铅子都被太平军缴获，围困天京的长壕、营垒被铲平。前后延续八年的江南大营被全部摧毁了，协助江南大营的清军舰艇也闻风逃走。于是，太平军为夺取江浙物产丰富的地区扫清了道路。清朝钦差大臣和春退守常州，后又被追兵进逼，再退苏州，守城清兵不让入城，和春羞愤交集，吞鸦片自杀身亡。张国梁则是在突围退逃中，策马

挑灯夜读

入水淹死的。曾国藩听了这些消息不胜叹息，把死者和战况奏报朝廷，得到朝廷的抚恤。清廷决定另派大臣任两江总督，朝中多数人推举胡林翼，唯独肃顺奏折中说曾国藩较为适当。咸丰皇帝同意后者，就任命曾国藩为两江总督，办理江南镇压太平军的事务。

曾国藩接旨后，便保荐左宗棠当副手，襄办军务，朝廷特别施恩加升左宗棠为四品京堂。曾国藩又跟胡林翼会商调鲍超率领的六千人和朱品隆、唐义训等部三千人，渡过长江，驻扎到徽州祁门县。洪秀全听说曾国藩带兵进驻皖南，料定他必然要进攻江宁，便命令李秀成带领古隆贤、赖裕新等统兵数万，直逼安徽。因鲍超、左宗棠的军队还没有到，曾国藩只是下令戒严，并不进攻。正在布置期间，忽然接到北京朝廷以当时最快的传递速度（释传每天八百里）送来的紧急文件，催促曾国藩带兵去保卫皇上。

40. 火烧圆明园

《天津条约》签订后，约定次年调印换约。1859年6月，英、法、美三国公使各率舰队先后到达大沽口，准备换约。俄国早在4月已与清政府换约。当时正是僧格林沁在大沽口修筑炮台，见外国舰队开来，忙派人出口与三国公使商议，告诉他们大沽正在设置防务，请改道北塘登陆，经天津进北京，随从人员不要超过二十人，不得携带武器。这本是主权国家应具有的正当权力。但英、法侵略军坚持要乘军舰经大沽口溯白河到天津，进入

火烧后的圆明园

北京。他们还无理地要求清政府拆除大沽口外设置的障碍物。6月25日，英、法侵略军的舰队炮轰大沽口炮台，用陆战队强行登陆，中国守军还击，经过一夜激战，击沉击坏英、法军舰多艘，打死打伤侵略军近五百人。英舰队司令何伯被打伤。美国曾帮助英、法作战，并未挽回败局。英、法舰队逃出大沽，退往上海。美国公使却遵照清政府的规定，由北塘进京换了约。

英、法政府得到这个消息后，决定扩大对华战争。1860年8月初，英军一万八千多人、法军一万五千多人在北塘登陆，向新河发动进攻。僧格林沁以马队迎战，三千蒙古族骑兵，手持战刀，冒着敌人的炮火，冲入英军阵地，杀死了不少敌人。最后，大部分骑兵在激战中壮烈牺牲。英法联军从后面进攻北炮台，提督乐善率部迎敌。英军投掷开花弹，飞入弹药库，炮台被炸毁，守炮台的清兵被炸得尸骨横飞，乐提督的尸首也找不到了。僧格林沁只有带兵自守南炮台。朝廷颁旨，令他撤退，他退到张家湾，正碰上大学士瑞麟统带旗兵九千出防，僧格林沁对他说："我守南炮台可以抵制敌人，为什么要令我退回，实在难以理解。"瑞麟说："顺亲王瑞华和尚书肃顺都主张议和，现在已派侍郎文俊和粤海关监督恒祺往天津磋商去了。"但是，不久就传来了英、法侵略军攻占天津的消息，文、恒二人已经被他们拒回。清廷派桂良往天津议和。英、法进一步提出增开天津为商埠、增加赔款、带兵入京换约。桂良上奏，咸丰拒绝。9月，侵略军向通州推进。咸丰一面命令僧格林沁在通州布防，一面派怡亲王载垣到通州议和。载垣劝侵略军停止进兵，退回天津，派代表到通州谈判。在双方初次会谈中，载垣接受了侵略者的全部要求。英、法代表又提出进京后要向清朝皇帝面递国书。载垣坚持拒绝。咸丰则认为外使面交国书必须行跪拜礼。谈判再次破裂。

9月中，英法联军从通州向西进攻，夺取八里桥，进逼北京。京城内外惊恐不安，有的官员请皇帝到木兰暂时躲避，有的人则认为皇帝不应轻易行动，涣散民心。直到胜保的军队赶到又吃了败仗，英法联军已逼近城下，犹豫不决的咸丰皇帝才带着后妃和一批王公大臣逃到热河行宫去了。咸丰临行，任命他弟弟恭亲王奕䜣为钦差大臣，留在北京，负责与外国侵略者议和。僧格林沁、瑞麟、胜保的军队也驻留北京城外。奕䜣又一次派恒祺找英使磋商议和事务。侵略军气焰嚣张，继续炫耀武力。10月，英法联军绕道西北郊，焚烧洗劫了圆明园。

圆明园是清朝花费一百五十多年时间，集中全国大量人力、物力、财力经营的一座举世闻名的大型皇家宫苑。园周长二十多华里，占地五千多亩。园内陈设豪华，收藏了许多金银珠宝、艺术珍品、稀有典籍、历史文物。焚烧之前，侵略军先大肆抢劫、破坏后，火烧三日，圆明园变成一片废墟。

恭亲王派人请联军停止焚烧、抢劫，无效。在侵略军的刺刀下奕䜣跟英、法议和，除1858年《天津条约》交换批准书外，又订立中英、中法《北京条约》。主要内容是：增开天津为通商口岸；准许华民到英、法属地或外洋做工；发还没收的教堂、准教士在各省租买土地；割让九龙司地方给英国；英法的赔款都增至八百万两。俄国乘英法联军侵占北京期间，威逼清政府订立《北京条约》，把原由奕山订立、未经清政府批准的《瑷珲条约》，正式承认有效。四年后，又强迫清政府订立《中俄勘分西北界约记》，割占了巴尔喀什湖以东以南的中国领土达四十四万平方公里。这样，沙俄前后割占中国领土共计一百四十四多万平方公里。美国并未与清政府另订条约，但根据片面最惠国待遇，英、法取得的侵略权益，美都得以享受。在掠夺大量侵略利权后，英法撤兵。清政府传旨不要各地派兵入京勤王了。

41. 安庆之争

再说曾国藩驻扎在祁门，接到清廷勤王的诏书后，跟胡林翼反复筹划，一时不能带兵进京。因为，当时太平军李世贤、杨辅清于1860年9月至10月间先后攻下徽州、休宁、绩溪，威胁着曾国藩的大营。曾国藩急调鲍超等带兵回援。接着太平军又发动第二次攻势，三路攻打祁门，切断了曾国藩大营与外界联系的粮道。吓得曾国藩丧魂落魄，曾向家人交代后事。由于鲍超、左宗棠拼死相救，才得解围。

在祁门危急时，曾国藩一度移驻东流。战局有了转机，他便令鲍、左两军合攻景德镇。太平军陈玉成部听说安庆吃紧，率兵赴援，被曾国荃、胡林翼阻挠，难有进展。于是，陈玉成改攻湖北，连克英山、黄州，又占德安、随州，气势大振。胡林翼急忙派兵回援，陈玉成除派兵留守德安外，自率大军并调回杨辅清部同援安庆，直捣曾国荃大营。清军多隆阿自东岸进攻，太平军退集贤关。曾国藩派鲍超、杨载福、多隆阿水陆各军截击太平军后路，双方激战十余日。7月上旬，清军毁太平军营垒十八座，安庆外围据点尽失。8月，太平军又组织强大兵力反击，一度冲入集贤关。9月初，清军挖地道以火药炸城，安庆陷落，守城的一万多太平军都壮烈牺牲。这一座被太平军占据九年的战略重地，被曾国荃部清军攻克，曾国藩自然欣喜若狂。他亲自到安庆检点俘虏，飞速向朝廷报捷。

42. 慈禧太后

就在这时（1861年），忽然接到热河发来的公文，拆开一看，才知七月十七日咸丰皇帝在热河病死。曾国藩阅后不禁捶胸顿足，号啕大哭。咸丰皇帝在位十一年，享年三十一岁。跟随皇帝护驾的大臣怡亲王载垣、郑亲王端华、肃顺等遵照顾命，辅佐六岁的皇太子载淳于灵柩前即帝位。追谥已去世的咸丰皇帝为文宗显皇帝。尊奉皇太后为慈安皇太后，对皇帝的生母则尊奉为慈禧皇太后，后人称为东太后、西太后。

载垣、端华、肃顺三人，辅佐新皇即位，自称参赞军务王大臣。先颁喜诏，后发哀诏。这些事都发生在热河。而在京的王公大臣当时多到恭王府奕䜣处议论政事。恭亲王向他们说："现在皇上逝世，新皇年幼，一切大权总揽在怡、郑两亲王及尚书肃顺手里。"在京的王公大臣本来都怨嫉肃顺，看到恭亲王对这种状况不满意，便一齐说："王爷您是已逝皇帝的胞弟，如今主上年幼，理应由王爷摄政，怡、郑二亲王怎么可以总揽大权呢？那肃顺就更不用说了。"正议论时，忽然呈报宫内太监安德海，从热河来了。

恭亲王知道一定有机密事务，就将安德海引到密室，密议了半天。第二天早上，安德海便匆匆离京去了热河，恭亲王向热河发出他自己要去奔丧的折子。怡、郑二亲王看过折子，便递给肃顺看。肃顺说：“恭亲王来这里，是以奔丧为名，想要总揽大权啦！”怡、郑二亲王便问：“这事该怎么办呢？”肃顺道：“不难，就说京师重地，不可无人。何况皇帝灵柩马上就要运回京城，请恭亲王不必来这里。把原折批回，免得别人再来纠缠。”怡、郑二亲王说：“好！”便由肃顺在折子上加批，发回。三个人以为这事已经妥善处理了。谁知道咸丰临终时，那颗传世受命的御玺，早已被西太后取去，肃顺等再狡猾，终归是无用的。

西太后见怡王等独断专行，一切表章奏折都不察告太后，所以，她就跟东太后商量，并且把事情说得非常危急。东太后见她这么一说，也就心动了，便道：“对于怡亲王等不便处置，怎么办呢？”西太后说：“除了召见恭亲王，别无他法。”东太后同意了，西太后就拟定懿旨，请东太后盖御玺，仍然命安德海连夜去召恭亲王。不久，恭亲王到了热河。肃顺立即报告怡亲王等，怡亲王听到报告大吃一惊。他正在考虑怎样对付，就有人禀报恭亲王要见王爷。他们三个把恭亲王接入内室，怡亲王就问六爷（恭亲王兄弟排行老六）到这里来有什么事？恭亲王答：“拜祭皇帝灵柩，并向东、西两位皇太后问安。”正谈话时，怡亲王身后忽然有一个人高声叫道：“拜祭皇帝灵柩是应该的，入内宫见皇太后就不大方便吧！”恭亲王见他们人多势众，不便争论，便说：“既然不方便，就请诸公代我问安好了！”随即告辞返回寓所。谁知安德海已在寓所里等候他。恭亲王便跟安德海密议了一番，安竟然想出了一个办法。恭亲王也答应这么办，安德海便告辞了。

当天晚上，避暑山庄大门外，忽然来了一辆车子。车中坐着一位宫女打扮的妇女，门口的侍卫见是妇女，就由她随安太监进去了。次日天明，宫门一开，仍由安太监引出，乘轿子走了。那天上午，恭亲王便到皇帝棺材前哭灵，然后到怡、郑二亲王处辞行。恭亲王是奉太后懿旨召来的，为什么不见太后就要走呢？上文已说过的那个宫女打扮的妇女，忽来忽去，其实，那就是恭亲王巧妙装扮入宫的，计谋定好，才又回去。怡亲王等人不知底细，正中了宫中的密计。

恭亲王走后，东、西两宫太后便传懿旨，立即供奉前皇灵柩回京。这时，怡、郑二亲王又暗中秘密会议。肃顺说："回京的事，等我们入宫去见了太后再定吧！"他们三人入宫见太后，太后便说："灵柩回京的日子，你们拟好了吗？"他们三人答："听说京城还未平静。"太后"哼"一声说："京城有什么不平静呢？你们受先皇顾命，又自称赞襄大臣，扪心自问，哪一件事能对得起死去的先皇呢？就是董元醇上的那个折子也有可取处吧！你们如果肯竭诚帮助，我们又何必要干预政事呢？梓宫[1]奉安、幼主回京，这两件事，你们究竟办好没有？"怡亲王听了太

[1]梓宫，皇帝的棺材。

后这些话，心里很不高兴，便说："我们襄助皇上，也不能事事听命太后啊！"太后大怒道："我也只是叫你赞襄皇上，我们后宫哪个要你赞襄呢？但皇上是天下共主，一日不回京，人心一日不安。所以才叫你们定个日子，奉丧护驾，也好早日到京，你们赞襄的责任也就交卸了。"郑亲王说："只因京城还没有平定，所以推迟些时日。"西太后道："京城早已平定了，不必过分疑虑，还是尽早回去为好。"

这三个人退出后又商量了一条计策，他们预备派怡亲王担任侍卫，护送太后，在古北口将太后刺死。谁知西太后非常狡猾，她密令侍卫荣禄，带着一队兵士，紧紧跟随两宫。启行的那一天，遵照清朝礼制，行完了各种礼仪，太后和皇上先行，他们的车轿在前，先皇的灵柩在后，这就便于在京城奉迎。怡、郑二亲王等看见荣禄不离开两宫，也就不敢下手。就这样一路平安地回到了北京。农历九月廿九日，太后、皇上到达京城北门，恭亲王率王大臣出城迎接。东太后传旨，命令各王起身，恭亲王谢恩后就跟在皇上、太后的车轿后面进了城。

怡、郑二亲王见城外尽是军营，心里惶恐不安。他们回到各自的官邸休息了一夜，第二天起身正要上朝去。却看见恭亲王奕䜣、大学士桂良等带领侍卫兵数十人迎面走来，向着他说，圣上有旨，令怡亲王解除赞襄职务。怡亲王说："我奉侍先皇的灵柩，哪个命令我解职？"这时，郑亲王正好来到了，他见恭、怡二亲王争吵，不知发生了什么事。恭亲王见郑亲王也来了，便说："真巧，现在奉圣旨，将怡、郑二亲王解任。"郑亲王听了笑着说："皇上谕旨须要我们拟定，你们这谕旨是哪里来的呢？"恭亲王说："现在的文书有皇上御玺，你们难道不遵命吗？"怡亲王问这印是哪儿来的。恭亲王答："大行皇帝临终时，亲自交给两宫太后的。"怡、郑二亲王道："太后不能解我的任，皇帝年幼更不必说了。"恭亲王听了这些话大怒，说："你们两个敢不接旨吗？"怡、郑二亲王道："无旨可接。"恭亲王说："这御玺是先皇传授下来的，你敢说不算吗？"便喝令侍卫将怡、郑二人捉拿下去。怡、郑二亲王问："我们两人有什么罪？"恭亲王说："你们听着。"便宣读谕旨。二亲王道："你捏造罪词，嫁祸害人，我们同你去见太后。"恭亲王命令侍卫，将二人牵出，送宗人府交宗令看管，自己便回宫复命去了。

毕竟还是西太后的手段毒辣，将怡、郑二亲王先革去爵职，再命宗人府会同九卿严厉议论治罪。另派睿亲王仁寿、醇亲王奕譞速将肃顺捉拿问罪。睿、醇二亲王奉旨，带领侍卫百名出城，准备假托迎接先皇灵柩的名义，诱擒肃顺。走了一百多里，正碰上灵车，两亲王下马，肃顺也下马相见。礼毕，二亲王又到灵车前行礼。肃顺想探听皇上、太后车轿的消息，就问，两宫太后和皇上平安否。二亲王说："很平安。"醇亲王奕譞说："到驿站再谈吧！"到了驿馆，奕譞起身说："皇上有旨，捉拿已革职的肃顺。"肃顺大惊地问："我犯了什么罪？"奕譞说："罪多啦，到宗人府再论吧！"肃顺絮絮叨叨，也不多辩。二亲王命令侍卫押着肃顺，连夜赶回北京。次日，皇帝降旨，将肃顺革职，交宗人府治罪，派人抄了他的家产。于是朝廷授恭亲王奕䜣为议政王，在军机处行走。过了两天，先皇的灵柩到了德胜门，太后和皇上出宫跪迎，入紫禁城，停乾清宫。

咸丰逝世之初，在热河就有御史上奏，请两宫垂帘听政，怡、郑二亲王和肃顺等以“有违祖制”，予以反对。如今这三个人已除，王公大臣、大学士、都统等近臣都吁请太后垂帘听政，并拟订新皇帝的年号。起初拟的是“祺祥”二字，两宫嫌意义重复，命军机大臣改拟。议政王揣摩太后慈怀，进呈“同治”二字。西太后认为这两个字的寓意正符合两宫同治，就决定以明年为同治元年，颁告天下。第二天，降下一道圣旨，宣布载垣、端华、肃顺三人，骄横跋扈，不守臣规，罪大恶极，辜负了先皇的重要付托，免其解肢分尸，立即处以斩刑。这三个人处死后，上下臣僚，人人不敢违抗两宫懿旨，清朝大政完全由西太后独断专行。

1861年11月，朝廷把东西军务托付两江总督曾国藩，令他统辖江苏、安徽、江西三省和浙江全省军务。这四个省的巡抚、提督、总兵和他们所管辖的官员，都归曾国藩节制。对于一个地方官委以这样的重任是从来未有的。

43. 陈玉成之死

湖北巡抚胡林翼，由太湖救援湖北，一路收复德安、黄州等地，积劳成疾，在武昌咯血而死。他临终前在遗疏中推荐李续宜接替自己的职务，朝廷降旨允准，李续宜便就任了湖北巡抚。曾国藩鉴于他统辖的地区太大，特上奏推荐左宗棠督办浙江军务，朝廷也同意了，命令左赴浙剿杀太平军，提督、总兵以下官员都听从左宗棠调遣。

曾国荃攻克安庆以后，想一鼓作气，消灭太平军，曾跟曾国藩商议过攻打南京的事。曾国藩恐怕兵力不足，命令曾国荃回湖南招募湘勇，以增强兵力。朝廷论功行赏，赏曾国荃头品顶戴，授予浙江按察使职务。任命鲍超为浙江提督，恰好都是援助浙江。当时，浙江巡抚已改任王有令。太平军李秀成、李世贤两支军队，一支到了安徽，一支进入江西，受到左宗棠、鲍超的阻击，都打进浙江。这时清廷任左、鲍的职务正是出于要他们继续攻打这两支人马。曾国荃得到湖南募来的几万湘勇，就跟曾国藩商议进攻江苏。曾国藩调集各路军队，分路进剿，自己居中指挥，清军在各地取得了进展，纷纷向曾国藩陈送捷报：都兴阿攻占天长，左宗棠攻克遂安，彭玉麟占巢县、和州、太平府，多隆阿击败陈玉成攻陷庐州。陈玉成撤退到团练出身、后来投入太平军的苗霈霖防地。他不知道，反复无常的苗霈霖这时已经接受清朝胜保的招抚。苗霈霖逮住陈玉成，解送到胜保军营，然后押解到北京，1862年5月中被清廷杀害。后来，苗霈霖又反叛清朝，胜保也因此被捕。

44. 天京保卫战

1862年5月，湘军主力曾国荃所率陆军和彭玉麟所领水师抵达天京城郊。陆军驻扎雨花台，水师泊护城河，太平天国面临着严重的威胁。洪秀全万分焦急，忙调李秀成、李世贤两军回京救援。天王一日三诏，催远在上海的李秀成火速回京。6月，李秀成在苏州召开军事会议，决定从苏州调运大量军火粮食和一部分军队回援天京，但洪秀全却希望李秀成全部调回，歼灭曾国荃部湘军。为此，他派人到苏州坐催，甚至面责李秀成有“自图之意”。李秀成为了解除洪秀全的怀疑，曾把自己的家属送回天京。8月，李秀成派杨辅清等部进攻宁国，以牵制清军继续增援曾国荃部，减弱天京的压力。李秀成自率主力攻打天京城下的曾国荃营垒。

不久，在浙江的李世贤也带兵返回天京。两部分太平军对围城的清军展开猛烈攻击，双方都有很大的伤亡。太平军又进攻湘军的饷道，指望切断湘军粮饷但两次决长江水淹清军运粮路线都失败了。战斗异常激烈，曾国荃脸部被枪子打伤，血流满面。曾国藩听到战败的消息，焦惶万分。他想分兵赴援，却无兵可派；上报朝廷请派援兵，朝廷无一兵派出，只好自己克服困难。但是，太平军在安徽的牵制性进攻成效不大，他们自身也缺少粮食和寒衣，11月中，对湘军的进攻停止。处于危难中的湘军稳住了阵脚，他们依仗长江水师接济粮饷弹药，恢复了战斗力。曾国藩得知这个消息，非常高兴。

45. 李鸿章

再说东线战场。1860年6月，李秀成就率部打到了上海外围。美、英、法等国公使，公开宣布用武力保卫上海。当时清政府与英法联军作战还未结束。买办出身的粮道杨坊谋划成立了以美国人华尔为首的洋枪队。华尔是在本国犯罪后逃亡到上海的一个流氓，他在走投无路的情况下就干起屠杀中国人的勾当。由于外国人强调他们只是为了通商，希望太平军不要攻入上海，洪秀全曾同意1861年之内太平军不打上海。1862年1月，李秀成率部第二次进军上海。这时中外反动势力已经勾结起来，准备联合镇压太平军。一部分英法军队和洋枪队于2月在上海高桥与太平军交战。李鸿章率淮军到达上海后便跟清政府苏松道的吴煦、程学启、郭松林等会商，联络英法各军，设会防局，并把华尔的洋枪队调到清军营中，由李统辖。李鸿章抚慰华尔镇压人民的功劳，令他用心训练兵勇为清政府效力。华尔见李鸿章待他很客气，也就满口答应。于是把洋枪队由几百人扩充到三千人，改名常胜军，归华尔统领。李鸿章倾心待华尔，华尔也尽心为清朝办事。

不久，朝廷降旨授李鸿章为江苏巡抚。李鸿章接印就任后，活动就不限于上海一地了。他命令参将李恒嵩会同华尔、联络英法军进攻各县。正在这时，得到报告，李秀成率部攻下了太仓，已进兵嘉定，洋兵大败，嘉定失守，进而攻打清浦。李鸿章派程学启又邀英法军队同去救援。英法军正在攻打奉贤，接到文书便回兵相救，正好碰上李秀成的军队。两军交战，法军首领中弹而死，英美军的首领也溃退了。李秀成攻上海，逼近程学启营地，程学启感到兵少力薄，不敢迎战。只是上海防守牢固，太平军伤亡很大。他们仍准备突击攻城，忽然一声炮响，程学启看到李鸿章带的救援队伍已到，便呐喊出击，太平军后撤，李、程合兵追击，收复嘉定等县。随后，太平军慕王谭绍光等再攻太仓。李鸿章又派华尔救援。在战斗中华尔被打死，常胜军由美国人白齐文统率。白齐文是一个更坏的家伙，曾经闭城索饷、纵兵抢劫。李鸿章把他撤职，他便去投靠李秀成，后被浙江清军擒获，掉在水里淹死了。这样，苏州松江道所属的几座县城都被清军收复。

太平军的头目都按名检验，全部被处死，兵士中凡投降的可不杀，不降的也一齐杀掉。李鸿章呈送捷报，朝廷降旨，给他加太子少保衔。将领们也都有升有赏。然后便兵分两路：一路由李鸿章亲自率领，进攻常州；另一路由程学启率领，攻打浙江。程部打近嘉兴，被太平军堵王黄文金从湖州截击，程学启中弹身亡。李鸿章所部攻打常州也是久攻不下。他恼怒万分，又把嘉兴的兵调来支援，才攻下常州城，把俘虏的太平军首领全部斩杀。到这时，江苏全省，除江宁一城外，都已恢复了清朝的统治。

46. 石达开之死

再说南线的另一支太平军。翼王石达开自江宁出走后，入江西、走湖南，孤军南行，都站不住脚。后来到达广西，已独树一帜，跟洪秀全互不通信。他心想要独霸一方，就非联络四川、湖南的反清起义首领不可，于是把军队开进四川。当时四川总督是骆秉章，清廷命他先剿灭蓝大顺、李永和起义之后，再去捉拿石达开。那时，石达开刚要入川，又转广西。骆秉章对于石达开的军事政治才能是有所了解的，看到他这样流散不定，就跟幕友刘蓉商议对策，认为他治军杂乱，完全没有最初深思远虑的气概了。既无据点，又无粮饷弹药供给，是难以持久的。后来，石达开被清军逼到大渡河紫打地时，正逢大雨，河水猛涨，失去渡河机会被清军在老鸦河困住。他为解救士兵，自赴清营，要求赦免太平军士兵。结果，1863年6月至7月间他被押解成都，凌迟处死。他部下的官员两百多人、士兵两千多人一夜之间也被清军全部围杀。少数逃出的人，则被当地夷兵截杀。

47. 天京沦陷

洪秀全领导的太平天国起义曾占领的大片地区和重要城池，这时都被曾国藩、左宗棠、李鸿章先后收回了，只剩一座江宁城还存留着。太平军部众流散各省的小股势力已不足威胁清朝的统治。洪秀全看到战将相继牺牲，对各地头目纷纷封王，总数竟达两千多个。他希望这些王能够就地扩军壮大势力，再谋振兴。但曾国藩却因江宁未下，正在激励清军将士，准备进攻。

李秀成自从由上海救援江宁后，见大势已去，曾经规劝洪秀全迁都，另谋进取。洪秀全不同意。李秀成只好写信给李世贤，让李世贤在江西就地自给，自己则留在江宁。他也曾屡次攻打曾国荃的大营，都被击退。这时，不仅曾国荃新招募的兵勇已经训练成了可以作战的劲旅，曾国藩还通知杨载福、鲍超、彭玉麟等将领分路进攻，截断太平军的增援，并命令李鸿章协助攻打江宁。

曾国荃费了许多心机，经过长久战斗，好容易把江宁围住，现在看到李鸿章到来，唯恐李分了自己的功。哪知李鸿章觉得自己也是曾国藩举荐的，不愿分曾国荃的功，就以生病为借口，拖延不进兵，并将各项军饷调拨给曾国荃。曾国荃得知这些情况，非常感激。随后他便激励将士攻占地保城，也就是龙膊子山北面的坚固堡垒。又在地保城上建造炮台，用火炮向城里攻击，引起城内恐慌。当时，城内粮草已经断绝，不仅军民忍饥挨饿，连天王府也没有东西吃。同治三年五月（1864年6月），天王洪秀全因为吃“甜露”得病而死（一说是服毒自杀）。洪秀全的长兄、次兄仁发、仁达等，扶立秀全之子十六岁的洪天贵福继位。曾国荃得到消息，命令军士猛烈攻城，挖掘地道三十余处。地道告成，曾国荃悬重赏，鼓励攻城有功人员，还宣布后退者必杀。7月19日，士兵们追随将领从各个城门攻入。太平军与清兵展开逐屋争夺战，终因援绝力竭，清军占领天京。

清军进城后，烧杀抢掠，全城一片火海，延烧达七八个昼夜。当时天京城内有作战能力的太平军约三四千人，一部分战死，一部分冲出城去，另有千余人在李秀成带领下保护幼主冲杀出城。李秀成逃入荒山被清兵俘虏，经曾国藩严刑和诱骗，留下一份供词后被杀。曾国藩听说幼主从破城处突围逃走，便将攻城情况据实上奏，朝廷颁旨论功行赏。曾国藩移驻江宁后，还命令兵士掘出洪秀全的尸体，焚骨扬灰，并将洪仁发、洪仁达斩杀。幼主洪天贵福逃到广德与洪仁玕会合，随即由堵王黄文金迎入湖州。左宗棠、李鸿章侦知消息，率兵追赶。黄文金部势单无援，转战于浙赣边境，10月，在江西广昌覆灭。洪仁玕和幼天王先后被俘。11月，解往南昌，江西巡抚沈葆桢将他们处死，一班小首

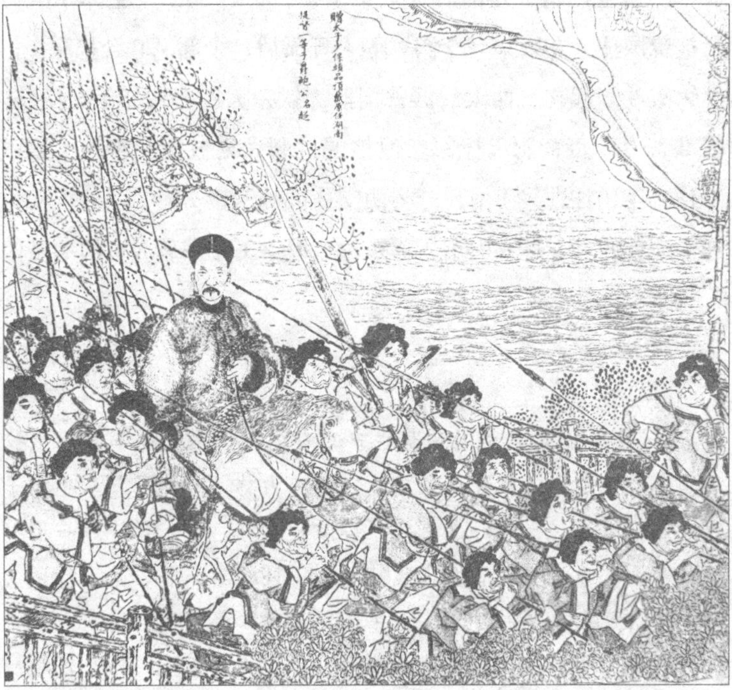

清军班师

领也都被杀戮。到同治三年十二月（1865年1月），以天京为中心的太平天国主体部分全部被镇压了。

48. 捻军反清

洪秀全占据金陵前后十二年（1853—1864），主体军事力量被曾国藩、左宗棠、李鸿章等人歼灭后，余部又联合捻军[1]，继续战斗。起初，西太后派曾国藩为钦差大臣，1865年7月驻防临淮，专门负责剿灭捻军。但他的进剿计划被捻军粉碎。捻军于1866年10月进兵河南，分为两支：以遵王赖文光、任柱（任化邦）为首的一支进入山东，称东捻；以梁王张宗禹为首的一支西

---

[1]捻军，太平天国时期北方的农民起义军。捻军发源于捻子（今称捻党），鸦片战争前，一股势力称“一捻子”。小捻子数人、数十人，大者一二百人不等。常在苏、鲁、豫、皖一带护送私盐，并与清朝官府发生武装冲突。1852年，首领张洛行聚众万人攻占河南永城。次年，太平天国北伐军经安徽、河南，捻党响应。1855年，张洛行被推为盟主，称大汉永王（一作大汉明命王）。制订《行军条例》（十九条），组成捻军，建立黄、红、蓝、白、黑五旗军制。1857年，张洛行接受太平军领导，被封为成天义，转战豫、皖、苏、鲁等省，屡败清军。张洛行晋升为征北主将，封沃王。1863年，张洛行被俘牺牲。1864年，张宗禹率捻军与太平军遵王赖文光会师。1865年，改为东西两路活动，东捻由赖文光率领，西捻由张宗禹率领。

走陕西，称西捻。1867年由李鸿章代替曾国藩继办剿捻任务。他与各将领决定，先剿东捻，后剿西捻，一切计划均沿袭曾国藩的旧制。清军得知东捻军由鲁西折回河南又转到湖北境内，便通令各路统领四面围攻。东捻再入鲁西，在清兵围攻下，抢渡运河，直趋鲁东。由于清军重重包围，东捻被迫南进苏北。11月，苏北赣榆一战，鲁王任柱被叛徒杀害。12月下旬，寿光一战，又折损三万多人，主力丧失惨重。1868年1月，赖文光因伤被俘，1月10日被吴毓兰杀害。其他东捻军余部也惨遭杀害，东捻被镇压。李鸿章等向朝廷上奏报捷，朝廷立即颁发恩典，李鸿章和诸将领都升赏一级，曾国藩筹饷有功，升体仁阁大学士。

捻军中有一位张七先生，原籍江南仪征人，因科举考试落第，投奔周星垣门下，拜他为师。后周星垣集徒招摇行骗，被两总督镇压。周星垣的门徒逃往山东，以传教为名，不论男女，一概收纳。当时，正逢捻军在山东活动，他借筹防为名，占据黄崖山。后来又跟捻军会合，共同起事。直到捻军失败，清军就在黄崖山滥杀无辜，百姓普遍遭殃。周星垣这一支队伍也被消灭，东捻再无留存了。

西捻首领张宗禹，带领人马自河南进入陕西，正当回民在陕西、甘肃起义，他们便联成一气，共反官府。陕西回民头目白彦虎、甘肃回民头目马化龙（隆），是在太平天国起义的影响下，乘机起来反清的。清廷赦免胜保的罪，令他带兵前往讨伐。胜保久久未能建功，并讳败为胜，被逮捕问罪，赐死。朝廷调多隆阿接替胜保，多隆阿也受重伤身亡。再命杨载福督师，杨告病请求解甲归田。西边的警事惊动了朝廷，高官中的恪靖伯左宗棠被激怒了。他自己请求前去讨伐，两宫太后很高兴地批准了，立即任命他为陕甘总督。

左宗棠到达陕西，听说回民与捻军联合，就上奏提了两条进剿原则：剿捻宜急，剿回宜缓。朝廷批准了他的奏议。左宗棠就令提督刘松山、总兵郭宝昌等带兵驱赶捻军，不让他们跟回民联合，壮大声势。张宗禹率领捻军从陕西到山西，进河南入河北。1868年2月，一直打到保定、易州等地，游骑曾到达房山。北京被迫戒严。朝廷降旨调盛京将军都兴阿赴天津防堵，又调李鸿章督师北上，联合会剿。西捻军攻打北京是要吸引围困东捻军的大批清军，解东捻之围。现在目的是达到了，但时机错过，东捻军在一个月前已被镇压。由于各路清军合剿，西捻军处于不利地位，不得不迅速南下，以免被困。张宗禹率西捻军由河北到河南，又由河南返河北，来回游动作战，使清军疲于奔命。朝廷一度降旨谴责左宗棠作战不力，连李鸿章也革职留任。左宗棠遭到谴责，便气愤地到前敌督战，亲自跑到京南地带跟李鸿章会商，决定严守运河防线，逼迫西捻退到东海边。张宗禹被迫趋向天津，郭松林率队冒雨忍饥，日夜走百余里，绕道捻军之前，迎头堵截，重创捻军。

张宗禹从陕西到京南地区，行动异常迅速，原指望马到成功，既救东捻，又威胁敌人心脏地区，扩大声势。没想到淮军的行踪也非常敏捷。日夜追剿，未能完全如愿。只好来回进退，牵制淮军，以便伺机再攻北京、大沽（津沽）地区。他们的战术是出敌不意，占据点，扼险要，予敌重创。偏碰郭松林熟悉捻军这一套策略，往往迎头截堵，逼得捻军转移到运河以东地带。李鸿章竭力主张防守运河，先控制西北段，堵死捻军出路。于是，他飞速责成郭松年首先行动，又调集淮、直、豫、皖、楚各军，各守自己的地段。他本人亲自率领周盛行一队人马，由德州沿运河勘察形势。他还没有折返营地，张宗禹所率捻军已经到达并发起进攻。淮军匆忙应战，预料不能战胜，立即后退。淮军退到盐山，遇到两支大军：一支是湘军刘松山，另一支是豫军张耀、宋庆，都是由左宗棠统率来的。这两支军队跟捻军交锋，捻军大败。从此，清军节节进逼，捻军步步败退。张宗禹率众退到沙河附近。1868年3月，饶阳一战，淮王丘远才、幼沃王张禹爵战死。5月，西捻军多次抢渡运河，企图摆脱清军的围困，都被清军河防军打败。从此，西捻军就被清军困在天津以南、黄河以北、运河以东的长方形海滨地区。

在危难形势下，强悍的头目张正邦、张正位、邱麻子等七人率部分党羽投降。刘铭传率部进攻，张宗禹难以回旋。他的儿子张葵儿、哥哥张宗道、弟弟张宗先、侄儿张正江和几个剽悍的头目，都在阵前被清军杀害。张宗禹从乱军中冲出，向东北方逃走，到了徒骇河边，难以渡过。回头看看，只有八个人骑马追随着他，不禁大为悲伤。又见官兵追来，估计无法逃脱，就下马跟那八个人诀别，投河淹死。官兵追上，六个人战死在刀下，两个被俘虏，也都被处死了。（一说张率十八骑逃至徒骇河，水大难渡，不知所终。）

西捻军于1868年8月16日全军覆灭。战况上报朝廷，降旨左宗棠、李鸿章复职，其余将领官兵都有不同程度的奖赏。军机大臣、恭亲王奕䜣及贝子、贝勒、王公大臣，也因协助办理军务有功，都加升一级。

49. 回民起义

捻军平定后，陕甘地区的回民起义并未平息。左宗棠进见朝廷时，曾奏明五年以后，可以奏报战绩。两宫太后听了非常欣慰，就令左宗棠立即到陕西。左宗棠接受朝命去到任所。

云南一带，这时也有回民起义。云贵总督潘铎被起义者杀死，幸亏代理藩司[1]岑毓英暗中安抚回民首领马化龙，联合袭击另一首领马荣，歼灭了后者。这时，朝廷任命劳崇光继任云贵总督。劳崇光到任后，见到岑毓英就大加赞扬，把全省军务委托给他。当时云南又有苗族陶新春兄弟为首的起义，被岑毓英讨平。岑毓英所带军队还没有回到省城，滇西回民首领杜文秀又起兵抗

---

[1]藩司，即布政使，官名。明代有承宣布政使司，宣德以后，全国的府、州、县分统于两京和十三布政使司，每司设左右布政使各一人，为各省最高行政长官。后设总督巡抚等官职，布政使权位渐轻。清代定为督抚的属官，专管一省的财政赋税和人事，与专管刑名的按察使并称两司。康熙六年（1667）后，每省设布政使一人，不分左右。

清，攻占大理府，攻陷二十余城，直向省城扑来。劳总督急命岑毓英率军进剿，踏破回民营垒数十个，迫使杜文秀退回大理。两宫和皇上料想陕、甘、云、贵一带的动乱可以尽快荡平，就把心思转向骄奢乐逸方面去了。

50. 太监“小安子”

古语说，静极思动。慈禧在宫里宠幸太监安德海。安德海很会揣摩主子的意图，百般献媚，宫中称他小安子。当时朝中有个贾铎，秉性耿直。他听说小安子滥用权势，专引太后每日看戏，心里很愤慨，就切切实实地向朝廷上了一本。他在呈奏中自然不便指责慈禧，只是说太监胆大妄为，请下令立即禁止，才可以防微杜渐，免得日后发生祸患。太后看了这份奏文立即下了一道懿旨，责成总管太监认真严察，如果太监有不法行为，由总管太监检举揭发。倘若知情不举，一定将总管太监革职，还要重加惩处。所有臣僚见到懿旨，都说太后从谏如流，歌颂太后的圣明。哪知，这一道谕旨不过是西太后沽名钓誉的手段。安德海仍然引导太后，随心所欲。

也是小安子的阳寿该满了，他想出外游玩一番。当时正值同治皇帝已近成年，两宫太后要为他选皇后，派恭亲王等会同内务府及礼、工两部，预备大婚典礼。小安子乘机秘密请求太后，派他亲自到江南去督办龙衣。西太后说：“我们清朝祖宗的制度是不准内监出京的，还是不去的好。”小安子道：“太后这么说，我怎敢不遵呢。但是，江南织造龙衣，每次呈送上来的多不合适。现在皇上大婚，这龙衣总要非常讲究。就是太后的常用衣服，也要适合的式样。奴才我去督办，只不过想顺便去看看景致。”太后被小安子说动了，又不好立即答应。小安子又说：“太后慈祥英明，像制办龙衣的事，还要遵照祖制。这祖制两个字，连太后也被他束缚住了！”西太后本是一个高傲的人，听了小安子这番话，似乎太后也不能自由决定一些小事，便随口答道：“你要去就去吧！但是一定要秘密，倘若被王公大臣知道，又要弹劾，连我也不能袒护你的。”小安子听到太后答应了他的请求，连忙叩头谢恩。太后又叮嘱了一番。小安子总不以为然，认为自己有恃无恐。他在同治八年（1869年7月）六月出京。那班州府县官，都知道他是太后宠爱的太监，又是钦差，哪个不巴结他呢？偏偏就有这么个对头，最终结束了他的性命。

一天，小安子一行到了山东。山东巡抚丁宝桢，在他的公事房里有上呈下达的公文卷宗，忽然接到德州送来的一封文书，报称钦差安德海过境，应不应责令地方政府供奉他的一切需用。丁宝桢说：“安德海是个太监，怎么敢出都门呢？莫不是朝廷忘记了祖宗的制度吗？”便拟定一份奏稿，让幕友抄好，派得力人员以每天六百里的快速，经驿站赶送到北京。把奏折先送到恭王府，托他代为呈送。恭亲王一贯憎恶小安子，接到丁巡抚的奏章，知道小安子擅自用权作威作福，便立即进宫去见太后。

正好西太后在宫内园子里看戏，来不及向她汇报，恭亲王就禀告了慈安太后，并将丁巡抚的奏章送上。慈安一看，便说：“小安子应该正法。但必须与西太后商量。”恭亲王道：“安德海违反了祖制，擅自出了都门，是不容赦免的大罪，命令丁宝桢逮捕处死就是了。”慈安说：“既然这样，就命军机处拟写圣旨，颁发山东吧！”恭亲王拟好谕旨，令太监取过笔砚写了几行，请慈安太后用御玺，恭亲王取出谕旨，立即交原人带回山东去了。

丁宝桢接到密谕，就命令总兵王正起带兵前往捕捉。他们骑马奔到泰安，正好赶上小安子在运河上的坐船。王总兵呼喊命令停船，水手毫不在意，以为不是叫他们停船，仍然顺风行驶。王总兵就在河边雇用民船，飞速摇桨追赶上去，带领兵士一齐跳进安德海船中。安德海听说有兵来便大声吆喝：“哪里来的强盗，敢进我的船！”王总兵说：“奉圣旨捉拿安德海！”安德海大笑着说：“我是奉旨南下督办龙衣，并没有犯法，为什么捉拿我？你有什么朝廷专寄的公文吗？”王总兵说：“有圣旨在，难道会假？”便命令兵士锁拿他。安德海怒吼道：“当今皇上也不敢捉拿我。你要找死不成？”士兵被吓住了，不敢动手。王总兵两眼瞪圆，亲自动手，先拔去他的蓝翎大帽，然后将安德海拉倒，命令士兵把他锁住。士兵见主将动手，也就一齐动起手来，将他捆住。船上的随行人员也全部带下了船，水手即时放回。

丁巡抚在省城等候消息，过了两天，王总兵已将安德海押解到了。丁立即传见王总兵，说了几句话，便传令两旁员司，巡抚出坐大堂，士兵带上安德海。安仍然大言不惭，他说：“丁宝桢！你安老爷从不犯法，你真是混账。”丁巡抚也不跟他辩驳，便离开座位，将密谕对他宣读。当读到“就地正法”四个字时，安德海才有些害怕了，但心里总还怀疑，不会有这样的事。

安德海央求丁抚台[1]代为转奏。丁抚台说："圣旨已经说明，毋庸再请。"随即传令绑出堂外，将安德海的头斩下来。其余随行人犯，全部收押。请旨如何处置。圣旨下：令将随从太监一齐绞死。其余男女，有的充军边疆、有的流放。这些事都处理完毕后，慈禧太后还毫无所知。等到案情结束，消息传到太监李莲英耳朵里，他才转告慈禧。西太后无话可说，心里只恨慈安太后没有事先和她商量。她本想将这事的前后处置经过，弄个明白。经李莲英劝说解释，方才息怒。随后，李莲英便补了安德海的缺，受到慈禧的宠爱跟安德海一样。

51. 反洋刺官

光阴似箭，又过一年，同治九年五月（1870年6月），由于法国天主教传教士在天津望海楼设立教堂，搜罗爪牙，拐骗人口，强占民地，激起民愤，发生了天津教案。法国领事丰大业持枪捣毁三口通商大臣衙门，开枪打死天津知县随从。群众被激怒，当场打死丰大业和他的随从西蒙。随后鸣锣聚众焚毁法国教堂、育婴堂、领事署及英、美教堂，打死教士、商人二十人。事后，英、美、法等七国向清政府提出抗议，并集结兵舰在天津、烟台示威。清廷派直隶总督曾国藩查办，又派李鸿章会同办理。曾、李杀害群众二十人，充军二十五人，天津知府、知县革职充

[1]抚台，对巡抚的习惯尊称。

军，派三口通商大臣崇厚为钦差赴法国赔礼，付赔偿费及抚恤费（白银）五十万两，才算了结。

一事了结又生一事。两江总督马新贻被刺客张汶祥刺死。凶讯到京，朝廷降旨调曾国藩再任江南总督。曾国藩谢恩退出，于同治九年十月（1870年11月）出京，沿途平安无事，到达江宁接印就职后，便办理刺马案件。清廷以江督被刺事关重大，特地命钦差郑敦谨南下，会同曾国藩审问。审讯公堂，兵勇列队，威严赫赫。曾总督和郑钦差并座升堂。两旁兵役推张汶祥上堂，当面会讯。曾、郑二人先用威胁，后用刑讯。张汶祥毫无确实的供词，只说刺死马新贻，可以泄愤。现在个人的大事已经办完，愿受刑法处置。曾国藩问他："是什么人主使？"汶祥大声呐喊："要刺马新贻的是我，要杀马新贻也是我，好汉做事一人当，凭你处治吧！"郑钦差百般诱骗，最后也没有得到实际供词。再三讯问。他就说："主使人就是你。"弄得曾、郑二人毫无办法。只好上奏朝廷说，该犯确实没有受人指使，应当处以死刑。朝廷批准了。

52. 同治大婚

同治皇帝即位已经十年，年龄也已十七岁了。在一般百姓家都该要娶妻成家了，何况是至尊的天子呢！满蒙王公家，还未许配婆家的女儿，哪个不想嫁入宫中，做皇亲贵戚。慈禧太后只有这一个儿子，也想择一个好媳妇，成全一双美满的婚姻。她从同治八年（1869）起，就责成礼、工二部着手预备大婚典礼。直到同治十年冬月（1871年12月），才挑选了几个好姑娘：一个是赛尚阿的女儿，一个是崇绮的女儿，一个是凤秀的女儿富察氏，一个是崇龄的女儿赫舍里区。这几个女子才貌都差不多。慈禧已经选定，就跟慈安太后商量。慈安说："女子以德为主，才貌倒是次要的。不知这四个女孩之中哪个德性好一些？可以够得上做皇后。"慈禧道："听说这四个孩子里面，崇绮的女儿年纪最大，今年十九岁，凤秀的女儿年龄最小，才十四岁，太年轻了。"慈安说："皇后要为天下做母亲的立楷模，还是年长的好，年长也老成些。"慈禧说："凤秀的女儿虽年轻，听说她很贤惠淑静。"慈安道："皇后册定了，妃嫔也不可少啊。这几个女孩子就都选着妃嫔好了！"慈禧说："这事还须传恭亲王奕䜣进宫，让他也斟酌一番。"慈安点头赞成。随即命太监去召恭亲王。恭亲王进宫行礼毕，慈禧就说到选立皇后的事，恭亲王也主张年长为好。经过两次商议，几个人都认为这样选名正言顺。慈禧不得不听从。第二天便降旨，命钦天监选择吉日，于同治十一年九月（1872年10月）举行大婚典礼。

宫里正在为筹备大婚忙碌，朝中忽然接到江苏巡抚奏报，两江总督曾国藩病死了。恭亲王也因这消息吃了一惊，急忙进宫奏告皇太后。两宫太后都很惋惜，便命同治皇帝三日不上朝。并颁下谕旨，追赠曾国藩太傅[1]，按照大学士惯例赐予抚恤，授谥

[1]太傅，封建时代的官名，多为大官加衔，官位仅次于太师，但无实权。另指辅导太子的官，统称太子太傅。

号文正。并在湖南、江苏两省设立祠堂，享受祭祀，将他的经历和政绩交付史馆立传。命他的儿子曾纪泽继承一等侯的爵位，长孙等后人都给予不同程度的奖赏。曾国藩去世后，两江总督的职位，朝廷便任命李鸿章继任。

同治皇帝的大婚吉日已经临近。九月十二日，先派官员祭告天地。次日，同治皇帝亲自到太和殿察看封给皇后的宝印，派钦差正副使捧奏黄册到皇后的住所，册封阿鲁特氏为皇后。又派钦差正副使到另外三个女子的住所，册封她们为贵妃。第三天，命正副使及太监抬着大花轿到皇后住所，导引皇后入宫，行合卺（jǐn）礼。到第四天，皇上带着皇后到寿星殿行礼，同时到两宫太后面前行礼。行礼完毕，皇上到乾清宫，各个贵妃由皇后带领朝贺皇上。再过一天，皇上给两宫太后呈上徽号，并接受群臣百官的朝贺。过了几天，内阁就传出一道上谕：鉴于皇上已经册封了正宫皇后，已到独揽朝纲之年，两宫太后打算不再主持君国大事，倡议归政。令钦天监选择吉日。同治亲政就定在同治十二年正月（1873年2月）举行。

53. 镇压起义

皇帝既然要亲政，便将亲政日期颁布到各省。这时，朝廷又接到云贵总督劳崇光病逝的奏报，便降旨由巡抚刘岳昭升任，并令刘岳昭与巡抚岑毓英共同商议，合作进剿回民起义。由刘总督坐守省城，岑巡抚带兵出去剿办。如前所说，岑毓英命令已经受政府招抚的马如龙再去招抚其他回民首领，一同攻打杜文秀。

杜文秀这时已经势单力薄了。1873年，岑毓英围困大理，宣布：“投降免死。”杜文秀吞了鸦片到清营求官方免杀回民。岑毓英立即斩杀杜文秀，其他回民首领杨荣、蔡廷栋被岑军擒获，也都分尸处死。大理和附近县城的回民大量遭屠杀，财物被洗劫。清廷得到云南的捷报，赏赐岑毓英轻车都尉[1]。

同治皇帝亲理政事之初，曾经向清廷立下五年平回乱的左宗棠，也以陕甘总督的身份奏报他收降造反的首领董福祥，以及先后收复名城，驱逐陕西的回民、捉拿甘肃的回民首领等战功。实际上，左宗棠前后对陕西、甘肃、青海的回民进行了残酷的镇压。在金积堡、肃州等重大战役中，清军破城后，回民大众惨遭杀戮。虽说有六十以上、十五以下免诛的军令，实际上男女老少，多有株连。经过这样的镇压，左宗棠受到清廷褒奖，其下属将领也分别给予奖赏。随后，清廷宣称海内肃清，共庆升平。

54. 母子反目

同治皇帝眼见各地的反叛都平息了，非常高兴，只是他跟慈禧太后的意见往往不合，使他不免烦恼。西太后虽说已撤帘归政了，但心里总还是想着要干涉国政。凡有军国大事，她先派身边的太监探听明白，然后再问同治皇帝，指望他和盘说出自己的见解。而同治皇帝不但不尽述己见，反而隐瞒自己的看法，这就使

[1]轻车都尉，清代的爵衔，并无实权。

西太后有些不愉快。西太后就把皇后传来，让她劝说皇帝。谁知道皇上跟皇后毕竟是少年夫妻，恩爱相投。皇后跟皇上的看法相同，她竟把西太后跟她说的话全部告诉了皇上。同治听了更加烦恼。而西太后也埋怨皇后，把她看成仇人。这时，有两个太监怂恿同治皇帝重修圆明园，正中了皇上的心意，就允准了。于是，颁发谕旨：责成总管择期施工。

恭亲王奕䜣关心国家大事，看出财政入不敷出，于是向皇上建议阻止那种浩大的开支，话说得絮絮叨叨，惹得同治皇帝大怒，回宫去了。恰巧恭亲王的儿子载徵来见皇上，同治帝怒气未消，不见他。载徵莫名其妙，无意中咕噜了一句皇帝摆架子，被太监听见，奏告皇上，同治帝更加怒不可遏，立刻命令军机大臣文祥进宫草拟一道圣旨：恭亲王傲慢无礼，命令他立即自杀。文祥跪下为恭亲王说情，请求免他一死。同治笑道："你们是一党，即使不处死，也得革去他一切官职。"文祥草拟好圣旨，请皇上过目后，立刻跑到恭王府密报。恭亲王听后心里害怕，一面邀请知己好友商量对策，一面赶紧把事情经过向慈禧太后察报，请求保护。太后把这道草拟的谕旨留下不往下发。后来同治上朝，看到恭亲王仍旧按他原来的官职穿着朝服侍立着，立即召文祥进来问明原因。文祥把一切推在太后身上，皇上把他痛骂一顿，亲自提笔写了几行字，命令内侍张贴出去。恭亲王、文祥二人见皇上这样做，又进宫向太后哭诉。太后安慰他们一番，召皇上进宫进行了严厉的训斥，命令恢复恭亲王原来的官职。同治只得照办，让内阁重新颁发一道恢复恭亲王官职和爵位的圣旨。从此以后，同治帝每天都怏怏不乐。内监文喜、宝柱二人，为了给主上解闷，竟想出一法：让皇上改着民间装束出去走走。当时城南一带妓院很多，同治帝听了内监的话，果然去了。

从此，瞒着太后，同治每日花天酒地，嫖娼狎妓，再不听从忠告。太后知道后，也感到无可奈何，只得把朝廷中的大事托付给恭亲王等，命令他们要格外留心。同治帝也就越加放荡。不想乐极生悲，染上了梅毒。到了十月间，连头面上都有杨梅疮。宫中传说皇上得了天花病，太医也不知道发病原因，按出天花用药，敷衍搪塞。由于用药不对症，病情越来越重，以致无法治疗，于十二月十五日，在养心殿病逝。

55. 皇后殉主

同治皇帝既死，亲王、郡王、贝子、贝勒和王大臣等奉旨进宫，见太后神色与往常不同，也不敢问。太后道："皇上驾崩了，虽然听说皇后已怀孕，但不知是什么时候生产，也不知是男是女。"恭亲王道："皇后产期想必快了，不如先不发丧，如果皇后得一儿子，自然是皇位继承人；如果是女儿，再商议另立新皇吧。"太后道："国家不可一天没有君主，怎么能长期保守秘密？一旦被人发觉，反而动摇了国家基础。"军机大臣李鸿章等连忙跪奏附和道："太后英明见解，臣等佩服两宫太后。"于是商议立醇亲王奕譞的儿子载湉作为文宗（即咸丰帝）的嗣子继承皇位，并为同治皇帝上谥号为穆宗。新皇接位，改国号为光绪，以下一年为光绪元年。

同治皇后阿鲁特氏，对这一决定自然非常悲伤，再加上太后对她恶毒，心想，即便日后生下儿子，也已无益，不如自杀，倒还成全了以身殉主的名节。主意打定，与父亲崇绮见了一面，算是诀别。第二天，宫中传出皇后去世的凶信。宫中对同治帝的丧事，按照过去为皇帝发丧的旧例；对皇后的丧事，则草草了事，不过对她加上了孝哲两字作为谥号。光绪四年（1878），将穆宗帝、后合葬于惠陵。同治一朝到此结束。

56. 俄日法侮华

光绪六年（1880），左宗棠已经平定新疆边境阿古柏作乱，率军胜利回来，在朝中任职。他听说崇厚作为专使去俄国谈判，受到俄国百般勒索，中俄两国订立条约十八款，已经草签，报告送到总理衙门。王公大臣们见了都认为俄国蛮不讲理。于是他们向两宫太后奏报，要求调兵与俄国开战，有的说把专使崇厚杀了，就可吓倒俄国人。两宫太后听从了王公大臣们的意见，驳回崇厚的报告，一面将他逮捕问罪，一面向左宗棠征求关于和、战的意见。左宗棠上表提出建议，太后照准。立即命令曾国藩的儿子、世袭勇毅侯曾纪泽为专使，去俄国谈判修改崇厚签订的条约；同时，整顿海防，命北洋大臣李鸿章预备战舰，又命令彭玉麟巡视长江海军，重新起用一班旧将。俄国也派军舰在海上游弋，两国险些开仗。幸亏曾纪泽足智多谋，能言善辩，与俄国方面反复争辩；但对方一味坚持已订条约，不得解决。这时正好俄皇被刺身亡，接着新皇继位，负责谈判的俄国使臣不敢再坚持原

光绪帝载湉像（左）

约。重新谈判，修改了前次所订条约中的七条，双方谈妥，签约定当。这时已经是光绪七年（1881）。此时，只有新疆西北边境一时不能全部收复，沿江海一带，照常戒严。后改新疆为行省，各方才告平息。

光绪七年（1881）四月五日，宫中传出凶信：慈安太后突然去世。王公大臣们非常惊讶，因为从未听说太后有病，感到不可思议，但也不敢多说，只得按照清宫旧例办丧事，将慈安太后合葬于东陵咸丰帝文宗陵墓中，加谥号为孝贞显皇后。

光绪八年（1882），东邻朝鲜国又出一桩祸乱，几乎酿成中日交涉事件。当时朝鲜是中国的藩属，国王李熙是已故国王的旁支。他幼年接位，封自己的生父李昰（shì）应为大院君，主持国政，拒绝和日本通商。李熙长大成年后亲自执政，大院君只好退居无权地位。王妃闵氏，才貌双全，受到李熙宠爱。闵妃娘家同族中人依仗闵妃权势，反对大院君，主张开放口岸，与日本通商。王公大臣们一班为守旧派，见闵氏族人仗势横行，于是请大院君出来领头反对闵氏家族。当时，朝鲜国内士兵因为缺饷发生哗变，守旧派乘机作乱，闯进京城，杀了几个朝中大臣，又杀入王宫，企图加害闵妃。闵妃已经得到风声，躲避出去了。大院君又率领众多守旧派闯进日本驻朝鲜使馆，杀了好几个日本人。消息传到中国，代理直隶总督张树声忙派提督吴长庆，带领军队开赴朝鲜。吴长庆为了智擒大院君，假意说中国出兵是为了来帮助大院君的。大院君信以为真，到清军营中来会见吴长庆，吴长庆乘机把大院君本人以及他的所有党羽统统捉住，押解天津。等到日本军队赶到，一场暴乱已被吴长庆平息了。日本军队只好在朝鲜驻扎下来，要求赔偿人命损失。吴长庆又为日朝双方调解，由朝鲜承担赔款了结。从此日本在朝鲜开商埠、驻军队，国王李熙只好服从，中国也把军队驻扎在朝鲜京城。大院君押解到天津后，由直隶总督请示皇上，将他幽禁保定，事端才算平息。

这一年，中法之间也布满战争风云。中法两国之间的交涉，由越南问题引起。早在咸丰、同治年间，越南经常受到法国的侵袭，总是以割让领土请求和解、订立条约而宣告结束。法国贪得无厌，得寸进尺，过不了两年，就又以越南虐待传教士为名，寻衅出兵。当时，惹恼了黑旗军首领刘永福。黑旗军原先是太平军的一支。刘永福曾经和越南的黄崇英一起，帮助越南王抗击法国侵略者。同治十二年（1873），他听说法国军官安邺驻扎在河内，便设法从小道伏击法军，一举将安邺杀死。越王害怕法国报复，主动派出使团与法国议和。法国提出条件：法国承认越南为独立国家，越南必须与其他国家断绝宗藩关系。后来越南边境曾两次发生动乱，仍是向清政府请求援助，清兵一去，就平定了。越王很感激中国。不料被法国知道，谴责越南违反条约规定，越王不作答复。法国派驻交趾支那舰队司令李维业进攻河内，被黑旗军刘永福打败，杀了李维业。法国为此派大批远征军从海陆两路向越南进攻，攻陷了几个县城，唯有山西一带是刘永福把守，攻不进去。于是转而攻打越南都城，守城兵见法国兵来攻打，吓得魂不附体，赶紧护卫着越王逃出都城，法国军队随即进驻了越南都城。越王再次派使节向法国求和，法国要求：越南降为法国的保护国，并割让东京。越王只好答应。

消息传到北京，清政府大吃一惊，急忙通知驻法国公使曾纪泽进行交涉，表示不承认法国与越南订立的条约。任命岑毓英为云贵总督，出镇南关督师，与黑旗军刘永福共同防范法军；命令一班有丰富经验的旧臣老将，分别在边境各地担任防守要职。法国见清政府布置严密，不敢轻举妄动，派出海军舰长福禄诺等到天津，与直隶总督李鸿章会谈，表示愿意和中国和好。不过，越南必须作为法国的保护国。李鸿章对此既不认可，也不拒绝，用模棱两可的态度应付。天津海关税务司德国人德璀琳从中调停，经双方认可，李鸿章和福禄诺订立协定五条，上报朝廷，得到批准，由李鸿章签字。远在云南边境的兵将，不知道在天津已经签订了李福协定，滇军开赴谅山，法国军队也进入谅山，双方对峙，引起冲突，经过半天的交锋，法国兵损失很多。捷报传到京城，人人振奋，主战呼声高涨。法国人打了败仗，反而照会总理衙门，硬要中国赔款一千万镑，总理衙门自然不答应，法国增加援兵，攻陷北宁。另外又从海路进攻台湾，占据基隆。这时刘铭传奉皇上谕旨驻防台湾，率军队严阵以待，法国驻远东舰队司令孤拔，见防守严密不敢侵犯，转而向福建沿海进攻。驻守福建的船政大臣张佩纶，有虚名而无真才实学。见法国军舰驶入福州湾，他毫不在意，及至法军击毁福州炮台，击沉战舰，才焦急起来，带了两名亲兵，暗地逃走了。法军乘胜进攻，攻破福州炮台，占领了各要塞港口。

清政府得到消息，立刻命令左宗棠火速去福建，派原陕甘总督杨岳斌协助左宗棠帮办福建沿海军务。左宗棠到福建，首先查办张佩纶临阵脱逃，清政府谕旨押解回京治罪：革职充军，发配黑龙江效力。这时战报传到北京：在福建马江中国吃了败仗，谅山失守，镇南关守将杨玉科阵亡。慈禧太后大怒，将所有率军队与法国作战的主将分别治罪。并责怪以恭亲王为首的军机处，在处理中法两国间的和战问题上“萎靡因循”，以致贻误战机，下谕旨免去恭亲王的一切职务，并任命礼亲王世铎为军机大臣。另起用一批将领，如提督冯子材、总兵王孝祺等与法军会战。他们个个英勇善战，任凭法军炮火猛烈，照样勇往直前，法军见他们这样勇敢，心中就害怕起来，于是放弃谅山，退出中国境内。这次战役打死法国官兵数十人，所得器械不计其数。法国舰队司令孤拔听到法军被打败，上书请求国内增派援兵以便再战。法政府对和战问题犹豫不决，孤拔非常气愤，擅自率舰队闯入三门湾。

当天深夜，明月当空，他攀上舰艇桅杆，想亲自观察一下内地形势，不料一声炮响，顿时从桅杆上跌落下来，当即死去。镇守当地的提督欧阳利见当即奏报胜利消息，朝廷传旨嘉奖，所有参战将领，都得到升迁。孤拔一死，法军气馁；而清军官兵听到这个捷报，士气高涨，恨不得立刻收复越南所有失地。忽然接到天津与法国讲和的消息，个个摇头叹息。亲赴广东会办防务的兵部尚书彭玉麟气得怒发冲冠，说这是哪个和事佬做的事？便提笔写了一道五不可和五可的奏章，上报朝廷。清政府因为和约已经达成，也就没有什么好说的了。由此，惹出后来许多事情。

57. 光绪亲政

光绪十四年（1888），皇帝已十八岁，达到册封皇后的年龄了，皇后照例由西太后挑选。这次选皇后不比以往，太后想起自己胞弟桂祥有个女儿，年龄和光绪差不多，可以选来与光绪帝订婚。立即下一道谕旨：立副都统桂祥之女叶赫那拉氏为皇后。又选长叙家两个女儿作为妃嫔。第二年皇帝结婚，一切礼仪都按旧例进行。光绪十七年（1891），醇亲王病逝。慈禧太后因为他是光绪帝的生父，而且向来能顺着太后的意愿行事，所以丧葬礼仪格外优厚隆重。醇亲王死后，光绪帝亲政。慈禧太后恐怕光绪帝亲政后不按她的意旨行事，重蹈同治的覆辙，经常派太监李莲英暗中探察。光绪帝倒也没有做什么违反她意旨的事情。自光绪十五年到二十年（1889—1894）间，在对外关系方面，与英、俄两国有些交涉，中国方面派出使臣和他们先后订立协定，总是以英、俄两国得到利益，中国吃亏，割让领土而告结束。

58. 列强瓜分

光绪二十年（1894）由于朝鲜国事酿成中日交涉，以至兵戎相见。中国海军被日本击沉兵舰五艘，其余逃回海口躲避；陆军更是一败涂地，使中国蒙受极大耻辱。警报送到北京，光绪帝非常气恼。下谕旨：将统兵主将撤职，严厉谴责李鸿章。李鸿章也自己请求处分。日本乘胜继续进兵，攻破威海卫等几个重要防守阵地。光绪帝派北洋大臣李鸿章去日本议和。李鸿章到日本后，日本要求：割让山海关、大沽口和天津三处，才答应议和。李鸿章感到很难答应，心中忐忑（tǎn tè）不安。不料此时恰好遇到刺客，他的脸面被击伤，因而引起了西方各国的公愤，都谴责日本。日本自知理亏，先向各国解释，后到李鸿章寓所道歉，答应和议还有回旋余地，经过谈判，订立条款十一条，于光绪二十一年（1895）三月签订条约。中日战事，至此结束。

光绪二十三年（1897），中国和德国又发生交涉。德国借口两名德籍传教士在山东钜野被杀，扩大事端，于1897年11月，派出舰队强占胶州湾，实现其蓄谋已久的夺取中国一个港口的计划。清政府被迫屈服，将胶州湾周围百里地区租借给德国，租期九十九年。俄国人见德国人得手，也想来分肥，借口协助中国抵制德国，于1897年12月，派舰队进占旅顺。清政府派总理衙门大臣李鸿章与俄国人谈判，把旅顺、大连两处租借给俄国，租期二十五年。法国马上在保持"东方均势"的借口下，于1898年4月，提出要求。清政府无力抗拒，同意将广州湾租借给法国，租期九十九年。英国原本在中国既得的权益最多，现在看到旅顺、大连被俄国占去，便要求占有威海卫，以对抗俄国；同样，为与法国租借广州湾相对抗，要求占据九龙。清政府已经屈服于德、俄、法三国，便也无法抗拒英国。在不到半年的时间内，列强一起向中国扑来，从北到南攫取了五处海湾港口，使我国沿海的黄金口岸，分别落入列强手中。中国山河破碎，国力衰竭。

59. 戊戌政变

光绪二十四年（1898）二月，恭亲王患肺结核病，于四月间去世，由他的孙子溥伟继承亲王爵位。接着，醇亲王奕谖的福晋，又得病与世长辞。光绪帝内丧生身慈母，外失贤明顾问，自己处于孤立无援的境地，又受太后压制和太监李莲英的百般谗言陷害，非常忧虑烦闷，只有和太傅翁同龢（hé）还能谈谈。翁同龢见皇帝如此烦恼，就向他推荐工部主事康有为。光绪帝立即召见，对康有为关于各种问题数万字的陈述，全部采纳。康有为受到鼓舞，接连上了三道条陈，都是关于推行维新方面的政策性意见。光绪帝有心变法，先到颐和园向太后详告他的想法，太后并不阻挠。于是光绪帝决心实行新政，接连下了几道谕旨：废除八股文，设立新学堂，裁减多余官员，并颁布决意变法的上谕。康有为又推荐梁启超等多人，说他们的学问渊博。光绪帝分别封赏他们为四品官衔，并命令在军机处办事。自从康有为觐见皇帝后，朝廷官员便分成了两派，一派是维新党，就是康有为等人；另一派是守旧党，就是原来的一班旧臣。

维新党认为要推行新政，必须排斥太监。李莲英无法，就带着他的妹妹到颐和园，向太后哭诉，请求庇护。于是慈禧和李莲英定计，秘密向直隶总督荣禄寄去一道太后懿旨。荣禄接旨后，立刻上了一道奏折，请皇帝侍奉太后一起到天津阅兵。光绪帝入内奏告太后，太后很高兴，命光绪帝传下圣旨，决定于九月初五（1898年10月19日），侍奉太后去天津阅操。光绪对太后的决定有点犹豫，召见维新党入宫商议。康有为条例分明地陈述：这次去天津阅兵恐怕前途凶险。光绪帝赶紧摇手示意，让他们出去商议妥帖后再来奏告。康有为退出与同党商议：先杀荣禄，然后处置太后。商议定后，由康有为入宫，把这一对策秘密奏告皇帝。光绪听了康有为的计策，觉得京城里的兵权掌握在荣禄手中，如果不先夺去荣禄的兵权，不能成事，但一时又想不出一个能办这件大事的人。正好直隶按察使袁世凯来朝见皇上，光绪认为此人胆大，敢作敢为，于是立即召见。光绪先试探着问他对推行新政有什么看法，袁世凯表示极力赞成。光绪又问："如果由你统帅军队，你肯尽心吗？"袁奏道："愿尽全力效劳。"当天，皇帝下一道谕旨：直隶按察使袁世凯办事勤劳，操练认真，提升到侍郎[1]职位，专门检阅操练军队。这道谕旨一下，守旧党十分惊讶，急忙入宫向太后禀报。太后命光绪帝下谕旨：凡二品以上官员受到委任，必须到颐和园太后处谢恩。袁世凯遵照旨意到颐和园去谢恩。太后召见，袁世凯对太后有问必答。太后暗示他行事要小心谨慎，袁世凯自然答应。八月初五（1898年9月20日），袁世凯准备出京请皇上训示，光绪召见，告诉他密谋的内容，望他遵照行事，并交给他小箭一支作为证据。

上午袁世凯坐车出京，下午荣禄就到了北京。荣禄入宫向太后把袁世凯告诉他的光绪密谋和盘托出，并呈上小箭一支，作为物证。还说，袁世凯带兵数千，随后就到。太后道："很好，你快召兵进来，迅速将禁城侍卫调出，立刻回天津，拦截捉拿康有为及其同党。"荣禄奉命而去。没有料到宫内有一个太监，

---

[1]侍郎，为二品官衔，相当于现今的副部长。

向来是光绪皇帝的亲信，很快将这一情况报告了皇帝。光绪得知密谋事已泄露，恐怕康有为被捕，赶紧派内监出宫秘密通知，让康有为赶快逃走。康有为接到通知，来不及告诉其他同党，自己悄悄去了城门，乘火车逃往塘沽，又搭轮船到上海。船将进入吴淞口，海关洋人对照相片将他截住，带回海关，然后改乘英国军舰，径直到香港去了。

这时，荣禄在京城挨门逐户搜查，康有为同党全被捉拿归案。唯有康有为、梁启超二人没有捉到。于是火速通知各省督抚州道，地方官员，命令他们迅速缉拿，不让漏网。京城中整整闹了一夜。第二天清晨，光绪帝登太和殿，忽然宫中太监传出太后懿旨：请皇帝去西苑。光绪奉命随太监到了西苑太液池边，由李莲英将皇帝簇拥到船上，送到瀛台。光绪一到那里，料定必无好事。不一会儿，太后、皇后都来了，光绪急忙跪接。太后手指光绪，将他痛骂一顿。皇后见此情景，便也跪下代帝恳求饶恕，结果也被骂了一顿。皇后被幽闭密室，光绪被囚禁于瀛台。太后将帝后发落完毕，就回宫去了。一面命令把捉拿到的康、梁余党关进刑部狱中；一面召集王公大臣等，商议如何废立皇帝。太后心想，如果直接废立，恐怕会引起各国在外交上的干涉。不如用光绪帝名义，请太后训政为好。主意已定。王公大臣们自然不敢有意见。这道谕旨一下，光绪帝事实上就被废了。只是康、梁二人没有抓获，太后心中不快，随即传懿旨，将康、梁余党统统斩首。因这一事件发生在按干支计算的戊戌年（1898），所以史称戊戌政变。

60. 光绪被囚

太后除掉了新党，反对掉了新政，称心地过了一年。转眼到了光绪二十六年（1900）上半年。有一天，太后忽然想召集王公大臣们商议，为已经去世的同治皇帝立后嗣，却又恐大臣们会以光绪帝正在壮年为理由，出来阻止。正巧崇绮、徐桐、启秀[1]三人也在密谋废立皇帝。他们准备拥端王[2]的儿子溥儁（jùn）代替光绪。考虑到朝中大权如今统归荣禄掌握，如果不与他联络，恐怕难以成事。于是三人去见荣禄，请他仿效古代名臣伊尹、霍去病废除昏君、另选贤明的故事。荣禄恐怕事情难于成功，惹出祸来，当时没有答应。后来崇绮、徐桐二人上疏，向太后密陈此事。太后听了，正合心意，便立即召集各位王公大臣商议，提出把端王之子溥儁立为大阿哥（即皇太子）继承穆宗之位。决定后随即颁发谕旨通知群臣，并召大阿哥进入东宫居住。由于溥儁当上了皇太子，端王的势力也就比先前更大了。不料这时出了一件大事，使得端王大祸临头，这便是义和团运动起来了。

---

[1]崇绮，满族镶黄旗人。同治皇后的父亲，当时任户部尚书。徐桐，汉军正蓝旗人。同治皇帝的老师，当时任礼部尚书。启秀，满族正白旗人。总管内务府大臣。这三人都是太后的亲信。

[2]端王（1856—1922），爱新觉罗·载漪，嘉庆帝第三子惇（dūn）亲王绵恺（kǎi）之孙，他的妻子是慈禧太后的侄女。

什么是义和团？义和团是一个民间的秘密结社组织，最先流行于山东、河北等地，原本是白莲教的一支。义和团设坛练习拳棒，以“保卫身家，防御盗贼”为号召，吸引社会中下层人民参加。并扬言凡练过拳的，遇到敌人，可以刀枪不入。山东巡抚李秉衡对这一组织并不阻止。后来毓贤山东巡抚，他也认为义和团是义民防身组织，于是义和团在这一带日益发展起来。当时天津北正在挖河，掘出来一块石碑，上面有二十个字，好像是歌谣，写道：“这苦不算苦，二四加一五，满街红灯照，那苦才算苦。”大家都不明白这是什么意思。等到义和团运动发展起来了，才明白说的正是这件事。义和拳民，有两种技艺：一种是金钟罩，声称：“刀枪不入”；一种是红灯照，都是青年妇女参加，身穿红衣红裤，手提红灯。据说：“一入兵阵，视死如归。”

新上任的山东巡抚毓贤，本来是端王的走狗，一心想巴结上司，就把义和团的事密报端王，说山东出了一班拳民，技艺高超，可以保驾大阿哥登上皇位，并毫不费力地把洋人驱逐出去。端王一听非常高兴，入宫向太后禀报，说得天花乱坠。太后命他调查清楚，并行文到山东，命毓贤将一班拳民送来京城验明，并设立团局安置他们。团局大都分散设立在四乡民屋，便于拳民们白天练拳。至于天津拳民，为数更多。河北省涞水县有一天主教堂，因某乡民与教徒打官司，屡打不胜，于是请来义和拳民，他们将教堂围住，劈开大门，闯进里面，杀了洋人。官兵前来镇压，拳民反把副将杀了。直隶总督裕禄，不得不奏报朝廷，谕旨命令严办肇事首要分子，并命大学士刚毅等三人出京处理。有被拿住的拳民，都命松绑，由大学士刚毅等带回北京，入朝向太后复旨，请任用义和团，以便抵制洋人。太监李莲英也从中附和。太后听信，下令由大学士刚毅领导拳民。于是京城内外到处是义和团。再有董福祥的军队，他们本是甘肃一带回民起义军投诚过来的，毫无纪律。自从被荣禄调来为武卫后军，来到京城地带，毁电线，拆铁路，烧洋房，无所不为。又连日攻打各国使馆。各国公使责问总理衙门[1]，总理衙门不予理睬，反而赞扬拳民和甘军。一日忽报日本使馆书记生杉山彬被甘军杀死，德国公使克林德也被拳民打死，端王连声叫好。正在扬扬得意，不料直隶总督裕禄递进一件公文，端王拆开一看，顿时皱起眉头，忙入宫奏知太后。太后道："洋人真可恶，八国联军[2]来索要大沽炮台，这事很难办。"端王道："有拳民、甘军，怕他什么，请太后降旨向洋人宣战吧！"端王又假造一个洋人照会，激怒太后。太后不辨真假，果然大怒。就由启秀写出宣战谕旨，太后过目后，即命军机处颁发，电告各省督抚。各省虽然上奏建议阻止，但北方已

[1]总理衙门，主管外交事务，相当于现在的外交部。

[2]八国联军，1900年，帝国主义组成的侵华联军，主要由英、美、德、法、俄、日、意、奥八个国家的军队参加。联军统帅初为英国驻华舰队司令西摩尔，攻陷天津后，改由德国陆军元帅瓦德西担任。

经开战了。

61. 慈禧宣战

各国兵舰，齐集大沽口，要求占据炮台，提督罗荣光拒绝。各国兵舰开炮轰击，罗提督支撑不住，跑回天津。联军统帅西摩尔登岸追赶，途中遇拳民，打了一仗。西摩尔寡不敌众，退回海上。拳民取得小胜，直隶总督裕禄忙向京师报捷，朝廷下旨重赏拳民、甘军。于是两路兵马合并起来。恰遇洋兵又鸣鼓蜂拥而来，势如破竹，直逼天津城下。直隶总督裕禄命令守卫天津的武卫前军提督聂士成迎战。不到一个时辰，聂军大败，聂士成阵亡。于是又下令由义和拳民抵抗，谁知洋兵一开炮，拳民便往回奔，反而冲乱了官军阵地。及至联军逼近城门，命令拳民防御，拳民仍说没事。第二天拳民、甘军会集一起，出城迎战。但洋兵一开炮，拳民和甘军就被打散了，联军乘势入城。裕禄从北门逃出，投奔马玉崑而去，天津陷落。联军士气大振，长驱北向，直指京师。朝中惊恐异常，端王急忙进宫报告。太后道：“前日洋人的照会，是你和启秀唆使军机处连文冲捏造的，我已查出。你不要痴心妄想，小心点吧！”端王出宫，正在外面打听消息，忽有太监向他密报，说太后正命令荣禄置办礼物，差庆王奕劻去各国使馆慰问，并拟定谕旨电召各省发兵保卫皇室。当时，凡是上奏朝廷规劝太后阻止战争和反对端王的大臣们，全被端王捏造罪名处死了。这时洋人又攻破北仓，一天天逼近京城。杨村失陷，裕禄自杀，李秉衡也服毒自尽，武卫军各处乱逃。

光绪二十六年（1990）七月十七日八国联军进入张家湾，十八日攻破通州，二十日直逼京城，荣禄连忙入宫禀报，太后已懊悔不及。荣禄道："太后赶快考虑妥当安全的办法。"正商议间，载澜忽入宫报道："不好了，洋人来了，已经在攻城了！到了这个时候皇太后、皇上不如先去外地，免得受洋人的气。"太后道："那就暂时避出去吧。"随即传旨：命刚毅、赵舒翘、王文韶三人，整理行装，等候圣旨出发。太后随即改着汉人服装，又命光绪皇后和瑾妃全都改装，扮作百姓模样。并召来三辆大车，带进宫中，在天未明时齐集，让光绪帝坐一车，皇后、瑾妃同坐一车，大阿哥溥儁跨辕，太后自己坐一车。天不亮一行人便驶出神武门，端王等四人跟着走，一直到颐和园，刚想休息一下，内监报洋人追来了。太后慌忙带领皇帝上车，急奔了一天。太阳西下，一行人还未吃饭，到了市上，也没有卖东西的，好歹弄了点稀粥吃吃。这样走了几天，才到怀来县。县官吴永没有接到报告，及至太后来到县公署，才连忙跪接，迎入县署。太后到怀来住下，众大臣也赶到，互相诉说途中苦状。太后命庆王奕劻回京，与联军议和。庆王只休息了一天，便遵旨回去。这时京城已经陷落，各国洋兵进城，乘势抢劫。各大臣见京城失陷，有十几位殉难。这真叫国存俱存，国亡俱亡呀！

62. 《辛丑条约》

联军进入北京城，大肆抢掠，土匪也乘乱骚扰。满、汉族官员殉难的约有十多人。承恩公崇绮和荣禄两人，追随太后、皇帝，奔走效劳。到保定，住在莲花书院。崇绮见国家多难，写绝命诗一首，上吊自杀。荣禄将崇绮遗诗呈送太后临时住所，太后急忙召见，先问宫中情形，并问崇绮死的情况。荣禄道："这次乱事，都因端王庇护拳民引起，只有先杀端王，向联军道歉，后灭拳民，清除作乱根源。"太后迟疑不决。光绪帝见国家困难窘迫到这地步，心里很着急，便召荣禄进见，命他迅速将端王处死，不可迟缓。荣禄说："太后未下懿旨，我可不敢擅自行事，皇上又不是可以独自做主的时候。"

庆亲王奕劻，奉太后懿旨，同李鸿章一起与联军议和，李鸿章由广东回北京，先与庆亲王会合商议，后去拜会联军统帅德国人瓦德西。瓦德西得知李鸿章前来议和，非常高兴地和他叙旧。当提起和议事，瓦德西说："这事要与各国共同商议。"庆王又去拜会各国公使，公使们议论不一。庆王、李鸿章便与瓦德西正式会谈。瓦德西提出两点：一要惩办罪魁，二要请皇帝、皇太后返回京城，作为谈判的先决条件。庆王、李鸿章二人听后，立即电奏太后。这时，太后已经到了西安。联军提出条件后，没有得到答复，扬言要向西紧追，所以太后不敢停留。接到庆王、李鸿章电奏以后，太后心中不想惩办祸首。庆王、李鸿章又来电报，说："如果现在还要袒护，恐怕会引起各国公愤，再一决裂，局面就更加难于收拾了。"太后只得下懿旨：刚毅现已病死，毓贤充军去边疆，董福祥撤职留任，端王撤职监禁。这道懿旨到了北京，各国公使不答应。庆王、李鸿章二人又将各国公使的反映电奏西安。太后见从轻发落不能生效，预料很难保全他们了，只

李鸿章像

得再下懿旨：赐英年、赵舒翘[1]自尽。启秀、徐承煜[2]二人在联军攻陷北京时已被日本兵捉住，于是庆王、李鸿章密奏太后，说启、徐二人是国家大臣，现在被日本拘留侮辱，不如下一道懿旨将这二人处死。庆王、李鸿章二人往来于各国使馆之间，对于各国所提两条，尽量照顾行事，待懿旨认可，然后再论和议。经谈判多次，才算有了点眉目。共计十二条。庆王、李鸿章二人将各条电奏太后。太后依议，并命他二人全权签订草约，这就是《辛丑条约》。一面电谕各省督、抚：凡有拳民的地方，极力剿灭；一面命总理衙门催交各种赋税，为朝廷迁回北京作准备。对于因提了有违太后本意的建议而被罢黜的大臣们，全都官复原职；再命亲王大臣等，分别到德国、日本使馆，遵照条约谢罪；此外，又下了一道保护洋人的上谕，颁发到京城。各国见清政府悔过，也就将联军撤回，各归原地。

63. 德龄姊妹

1901年，太后听得联军已经退走，京城平静，于是决定回京。秋凉后，太后带领光绪帝等由西安启程回京。走了没有几

[1]英年，户部侍郎；赵舒翘，军机大臣兼顺天府尹。二人都主张利用义和团抗拒洋人。

[2]徐承煜，刑部侍郎，大学士徐桐之子。徐桐在八国联军攻陷北京时已自杀。

天，忽报议和全权大臣李鸿章病故。太后下令抚恤从优，并赐谥号为文忠。命王文韶继任议和大臣，接办李鸿章尚未完成的议和手续。太后一行直到十一月才回到北京。

过了几天，太后想笼络洋人，在宫中殷勤接待各国公使及公使夫人。因自己不懂外文，不好直接款待，心想如果能有精通外文的人替她招待就好了。可巧有个满族官员裕庚，由军功升为公使，曾经出使日本，后又出使法国，出任公使期间，都是带着家属同去的。他有两个女儿，大女儿名德龄，二女儿名容龄。裕庚这时正好任满，回国进宫朝见。太后得知，要裕庚带着两个女儿到颐和园来见她。裕庚接到懿旨后，就请夫人带着女儿去颐和园。母女三人按时来到仁寿殿外，由太监引入殿旁耳房暂时休息。过了一刻，就有总管太监出来，裕夫人一见，好像面熟，忙起身相迎，那总管走到裕夫人面前，简单问了几句，就转身走了。裕夫人这才想起，便告诉两个女儿说："这总管就是李莲英。"不多时，又有几个宫眷出来，引导她母女出了耳房，走到正殿。殿的匾额上写着"乐寿堂"三个字，殿里面站着好几个妇女，其中有一个满族妇女，装束与众不同，裕夫人看了认得是光绪皇后。正想进殿请安，忽然看见很多宫女拥着太后，从屏风后面出来，朝中间坐下。后面跟着总管李莲英，传懿旨让裕夫人带领女儿朝见太后。于是裕夫人母女三人进殿，一齐跪倒，自报姓名向太后请安。太后特命平身，并略微问了几句，裕夫人都一一做了回答。太后又看了她两个女儿，很是喜爱，便站起来拉着两个女孩的手说："你二人肯在这里陪伴我吗？"两女赶紧跪下谢恩。太后道："不要太讲礼了，你听我的话，叫我老祖宗，我就喜欢了。"两女都说遵旨。太后又命光绪皇后与她母女相见，裕夫人母女随即过去请安。后又与各宫嫔妃相见。太后吩咐皇后："你可领她母女在宫内玩玩，我到朝房去，一会儿就回来。"没有多大工夫，太后回来了，赐母女御宴。直到夕阳西下，才让母女回家，裕夫人谢恩辞别。太后叫她经常进宫来，裕夫人遵旨。从此裕夫人就经常带着两个女儿进宫。

太后对德龄姊妹说："我不懂洋文，听说你们懂数国语言，以后如果有洋人前来朝见，你们替我当翻译。平日没有事，可给我保管珠宝库。"德龄奏道："臣女年轻，恐怕担当不起这样大事。"太后道："你不要过于谦虚；我看你很聪明伶俐，大概不会误事的。"德龄姊妹听了再次谢恩。过了几天，忽报俄国公使柏兰荪夫人前来觐见。太后命德龄前去接待，自己则带李莲英到仁寿堂接受朝觐。德龄带领俄国公使夫人进殿向太后行礼，双方寒暄问候，全由德龄翻译。太后又命德龄引公使夫人去见皇后，然后赐午宴。下午，公使夫人谢太后宴后就回去了。太后对德龄说："你通法语，怎么又会俄语呢？"德龄道："俄使夫人讲的多半是法语。"正说话间，有人来报荣中堂（即荣禄）去世。太后十分悲伤。第二天上朝，朝房里递上荣中堂遗折，太后看后，对大臣们道："自从庚子之乱[1]以来，荣中堂对朝政特别尽力，

[1]指发生在1900年的义和团运动，按天干地支纪年，1900年为庚子年。

现在他去世了，实在使人非常悲痛。”于是拨出银两为他治丧，并命亲王前去祭奠，赐谥号为文忠。

64. 日俄战争

有一天，宫里接到报告，说日俄两国将要开战，把东三省当作他们的战场了。太后对此感到焦虑，说：“日俄交战，我国的地方又要遭殃了。”这次日俄交战，正是光绪三十年（1904）。太后着急是因为祖宗陵墓在东三省。于是召集庆王和大臣们前来商议，并说：“这次日俄交战，不知会不会伤着祖宗陵墓？保持中立，也许可免遭殃。”先发电报询问各省高级官员，征求他们的意见。庆王遵照太后的旨意，向各省发了电报，各省回电一致表示赞成。于是太后颁发谕旨，照会日本使馆，中国政府遵照万国公约，在日俄战争中宣告中立。并命驻日公使杨枢与日本交涉：交战国双方无论胜败，不得有损中国帝王陵寝，及保证城市、官署、人民财产的安全；战后东三省主权仍归中国。日本使馆全部答应。于是斟酌议订中立章程，及战争涉及地区、规定等，通告中外。

过了几天，接连报道俄国兵舰被日本击沉，又报俄国陆军接连被日本打败。太后道：“日本战胜，辽东可以保全了。”正说间外面递进西方通讯报道，德龄翻译出来，太后看了大吃一惊，原来是日本、朝鲜签订了朝鲜归日本保护的条约。太后道：“外国人是不讲公德的，照这样看来，朝鲜是不能保了。”这时庆王又入宫报告，说俄国兵舰逃到了上海，日本公使照会我外务部，要求迫使俄国舰只退出上海，现正在交涉中。太后道：“俄舰逃入上海，破坏了我们的中立章程。”于是命令外务部电告南洋大臣，迫使俄舰服从中立条规的处置，庆王遵照旨意办了。

光绪三十一年（1905）日俄战争进行将近一年，还没有结果。俄国海、陆军屡次被日军打败，日本进一步攻陷了旅顺口，把中国的奉天省城沈阳强占了去。俄国不甘心，派波罗的海舰队准备进攻日本京城，不料半途被日本设下埋伏，打得大败。俄国舰队无法再战，又无法逃脱，大都投降成了俘虏。美国总统罗斯福出面调解，呼吁双方停战。俄国人因为屡战屡败，来不及调兵；日本鉴于俄国毕竟是个大国，也怕战争持续下去，不好对付。双方趁势听从美国调停将就着停战议和。日本议和专使小村寿太郎提出条件十一款，俄国谈判使者只肯承认七款，经日本同意，和议终于达成。中国领土被人为地分为南满、北满，成为日、俄两国的势力范围。东三省名为中国领土，实际上已落入日、俄两国手中。本是日俄两国打仗，却使中国失去国土。总是国家积弱，遭强邻欺侮，有冤无法申辩。

65. 五大臣惊魂

自从日俄战争以后，中国有识之士认为国家一蹶不振，都是由于民众无权过问国家大事的缘故。于是起而反对专制，要求把专制政体改作君主立宪政体。慈禧太后虽然很不愿意，但也没有什么抵制办法，只得召集王公大臣商议对策，决定停止科举，设立新式学堂，废除旧有弊端，采用新的章法，又派出五位大臣[1]出国考察政治。光绪三十一年（1905）七月，五大臣启程，许多官员前来送行，来到正阳门车站，忽听“哗啦”一声，飞来一个炸弹，顿时满地硝烟，尘土飞扬。五大臣虽未受伤，但已被吓得魂飞魄散。关于这一炸弹事件的来龙去脉，还得从康有为、梁启超二人说起。康有为、梁启超出走时，由英国人和日本人保护，先后到达香港和日本。他们从此游历各国，召集同党，于光绪二十五年（1899）成立了保皇会组织，联络了不少居住在国外的华侨。

66. 孙中山革命

与此同时，广东省出了个伟大人物，姓孙，名文，号逸仙。在日本时曾化名为中山樵，因而后世都称他为孙中山先生。他生于1866年，少年时代曾在教会学校念书，对于自由、平等、博爱等道理，很感兴趣，时常讲解。后来阅读太平天国历史，就把排满兴汉的宗旨，印入了脑海。1886年进入广州南华医学校学医，第二年转学香港西医书院。毕业后，先后在澳门和广州以行医为名，致力于挽救民族危亡的革命活动。1894年曾经北上天津，上书当时的北洋大臣、直隶总督李鸿章，提出各项革新自强的主

---

[1]五位大臣，指镇国公载泽，户部侍郎戴鸿慈，兵部侍郎徐世昌，湖南巡抚端方和商部右丞绍英。

张，遭到李鸿章的拒绝。不久去檀香山，集合志同道合的同志于11月间创立兴中会，提出“驱除鞑虏，恢复中华”的民主革命主张。并筹集资金，从国外购买枪支弹药，约定日期，准备在广州起义。不料消息走漏，两广总督悬赏高价搜捕，风声很紧，他只好逃亡国外。总督又电告各国公使，秘密寻访捉拿。

1900年时，兴中会成员史坚如谋刺两广总督德寿未遂，反被德寿抓获处死。后来又有一位名叫唐才常的，曾与康有为、梁启超等提倡新学、酝酿变法。康、梁失败出走后，唐才常曾与孙中山等革命党人有接触。他自树一帜，组织自立会、自立军等，想在汉口发动“勤王讨贼”，占据湖南、湖北两省，于1900年8月被湖广总督张之洞抓获处死。同年10月，孙文联络广州三合会首领郑弼臣，在惠州起义，又遭失败。这一时期，有不少革命志士，眼见列强瓜分中国的野心毕露，清政府腐败无能，在各地奋起。黄兴在湖南进行革命活动，于1904年和宋教仁等在长沙成立华兴会，准备在长沙起义。由于事前走漏消息，遭到搜捕，他们只得逃亡日本。蔡元培、章炳麟在上海创立中国教育会、爱国学社等，提倡民权，宣传排满革命。邹容写《革命军》，揭露清政府卖国罪恶，号召推翻清朝封建专制统治。他们都因谋划泄露，书刊被查禁，有的逃亡海外，有的被关进监狱。

光绪三十一年（1905）七月，桐城人吴樾听到清政府派五大臣出国考察政治，非常愤慨，奋臂而起，怀里揣着炸弹，悄悄来到北京。刚到车站，正巧遇五大臣入站，本想径直挤过去，不幸炸弹受挤引起爆炸。警察闻声赶来，只见火车站外面，有几具尸体。其中有一具尸体经检查发现身上带有一张名片，上书“吴樾”，下书“湖北人”，猜测此人可能是革命党人。这件事直闹了一个多月，才逐渐平静下来。

五大臣受到这一惊吓，有的就不愿意出洋了。清政府又另派山东布政史尚其亨、顺天府丞李盛铎二人和载泽、戴鸿慈、端方一起分两路乘轮船出国。一路由美国转赴德国、意大利和奥地利等国；另一路前往日本、英国、法国和比利时等国考察。他们在国外时拟定奏折，详细叙述各国宪政情况，电奏清政府：尽快改为立宪政体。慈禧看了奏折并不采纳。第二年七月，五大臣回到国内，太后召见多次，五大臣各抒己见，说得委婉动听，才促使太后颁发一道懿旨：派载沣[1]等编撰新官制及设立宪政编查馆等，命庆王奕劻为总理大臣。奕劻上奏陈述官制改革意见：除保留军机处外，把原来的六部改为十一部，每部设正副职各一人，满、汉民族，一视同仁。这算是在京中央一级官制的改革。外省从总督、巡抚以下，也参照新编官制定额设置官员，就算是地方官制改革。机构方面，设有直属军机处的宪政编查馆，下设编制、统计两个局；还有资政院（中央一级咨议机关），各省设有咨议局。后派出汪大燮等分别到英、德、日各国考察宪法。

光绪三十二年（1906）同盟会员刘道一、蔡绍南回湖南，运

---

[1]载沣（1883—1951），奕譞之子，袭封醇亲王，末代皇帝溥仪之生父。

动军队，联络会党，宣传同盟会纲领，于12月间在江西萍乡，湖南浏阳、醴陵一带起事。清政府调集大批军队进行镇压搜捕革命党人和起义群众。刘道一、蔡绍南二人被捕牺牲。这一带才又恢复平静。

67. 刺杀恩铭

光绪三十三年（1907），安庆巡警学校举行毕业典礼阅兵，巡抚恩铭被革命党人徐锡麟枪杀。徐锡麟，浙江绍兴人，光绪二十九年（1903）曾考中癸卯科副贡生。他在家乡办过学堂，其中有两个学生，一个叫陈伯平，另一个叫马宗汉。后来陈、马二人一起去日本留学。学成回来，徐锡麟和他俩谈起各自的抱负，竟是志同道合。徐锡麟不断联络同志，组成光复会，认真接办绍兴大通学堂，暗中积蓄革命力量。光复会同志陶成章和徐锡麟是同乡，他劝徐锡麟在官场谋个差事，以便作掩护。徐锡麟依言买了个官衔——安徽候补道员，能经常与巡抚恩铭接近。徐锡麟的谈吐受到恩铭赏识，便委任他为陆军小学堂总办，兼任巡警会办（总办的副职）。徐锡麟得到这一差事，正合自己心意。暗中与海外同志通信，托他们秘密运来军火，伺机举事。不料两江总督端方发来密电，说革命党人已悄悄进入了安徽，叫恩铭搜捕查办。恩铭立即召见徐锡麟，并将总督电文给他看。徐锡麟看后假装不知道。巡抚向他交代，要他认真查拿。徐锡麟退出后，立刻与马宗汉秘密商议，采取先发制人的办法。光绪三十三年（1907）七月，正值安庆巡警学校举行毕业典礼，有阅兵仪式，徐锡麟发动全体学生发难，自己首先举枪打死恩铭。在场官员纷纷逃出，陈伯平当场牺牲，马宗汉被俘，徐锡麟被一姓方的医生截住，把他带到督练公所[1]。布政史[2]冯煦审问，徐锡麟毫不隐瞒，当堂挥笔直书，写毕掷到冯煦的面前。冯煦得到实据，准备按照张汶祥刺马案惩办。一面电奏朝廷，一面将徐锡麟、马宗汉二人收监。不久朝廷颁下谕旨，同意按奏议惩办。徐锡麟、马宗汉被处以死刑。

68. 烽火连天

安庆事件刚刚了结，广东方面又出了事。自从太平天国失败以后，不少人隐姓埋名，避迹江湖。听到革命党起来反清，便乘势出来。以“三点会”“三合会”为名。三点隐喻太平天国天王洪秀全的姓氏偏旁。革命党人与这两会党有联系，暗中互通信息，叫他们起事。因此广东省境内，经常有起来闹事的。只要官兵一出动，这些会党就四处分散，躲藏得无影无踪。直隶总督袁世凯、湖广总督张之洞，深感内忧外患，接踵而来。他们认为各校学生，好谈革命，风气不好，便奏请实行立宪政体；设立存古学堂，保存中国旧学，以改变“颓废”的世风。清政府很欣赏这一主张，便将两位总督召来北京，授予军机大臣职务，以实

[1]督练公所，清末训练新军的机构。

[2]布政史，相当于省级民政长官。

现满、汉民族一视同仁的诺言。并命令在京和外省的主要官员，呈递条陈，各抒己见。慈禧太后看了送上来的各种各样的建议后，把考查馆改为宪政编查馆，按年编纂。准备从光绪二十九年（1903）编起，到四十二年（1916）止，将所有准备开办的事，在十年时间内，陆续办齐。按年列表，上报慈禧太后。宫中以为这道懿旨一下，就可以消除祸患。哪知这样一来，民情越发激愤，民众革命意志更加高涨。各种各样提议，都来与政府交涉，使军机处忙得不得了。

光绪三十三年（1907）十二月间，革命党人在镇南关举行起义，夺得三座炮台，清政府接到报告，下旨痛责广西巡抚，命令他立即收复炮台。巡抚接到圣旨，赶忙调兵遣将，派提督龙济光、镇南关防军统领陆荣廷出击。清军武器完备，革命党人孤军作战。相持了几天，革命党人被清军打败，逃往海外。广西巡抚便向朝廷报捷，朝廷降旨升赏有功人员。

69. 抵制日货

光绪三十四年（1908）二月间，日本公使送来照会一件，说广东海关扣留日本轮船“二辰丸”，侮辱日本国旗，要求外务部赔偿损失等。外务部害怕，正想拍电报去询问，两广总督张人骏主动来电报告。原来是“二辰丸”私运军火，接济革命党人，被海关查获，搜出枪支弹药数十箱，才将该轮扣留，并卸去日本国旗。日本公使强词夺理，不肯承认。外务部不敢得罪日本人，只好赔偿损失，并鸣炮谢罪。国家衰弱，政府无能，强邻欺侮，不敢自卫。每一个正直的中国人都引为耻辱，于是发起了抵制日货运动，持续八个月，使日商大受损失。

70. 光绪慈禧之死

光绪三十四年（1908）夏秋以来，太后身体不适，时常有病。光绪帝自西安归来后，仍旧幽居瀛台，终日抑郁寡欢，精神不振。有喜欢搬弄是非的人在太后面前进谗言，说皇上听到老佛爷（即慈禧）有病，面露喜色。太后听了，非常生气地说："我不能死在他前面。"出于对光绪的厌恶，太后想趁早按她的意愿立下皇太子，于是召集王公大臣们前来商议，表示想把醇亲王载沣的儿子溥仪作为皇太子。王公大臣们意见不一致。太后不耐烦地说："我已决定立溥仪，你们不要多议论了。"随即命溥仪入宫。光绪对立嗣一事，自然任凭太后做主，不置可否。

这年十月初十是太后七十三岁诞辰，按照惯例，光绪率领王公大臣们前去拜寿。不料刚刚步出瀛台，就被前来传达太后懿旨的太监挡驾，说皇上有病，不必前去行礼了。光绪一听，先是惊愕，继而大哭而归。其实这时恰恰是慈禧已经病倒数日，每日腹泻不止。十月二十一日，宫中突然传出令人惊愕的凶信：光绪皇帝病逝。王公大臣们急匆匆入宫，随即传旨颁发皇帝遗诏和新皇接位喜诏，命载沣为监国摄政王。当天刚从外地回京的庆王得知这一消息，急忙入宫，察报太后："新皇继承大统，到底是继承穆宗（同治）呢，还是继承大行皇帝[1]呢？”太后说：“当然是继承穆宗。”庆王说：“如果继承穆宗，那么置大行皇帝于什么地位？不如一子兼祧（tiāo），即既为穆宗，又为德宗的嗣子，两全其美。”

太后只得同意，命庆王草拟谕旨，以新皇名义颁发。至此光绪皇帝总算也有了后嗣。太后原本有病，此时病重，自知不可能痊愈了，便召集王公大臣们进宫说：“今后一切国家大事，归摄政王办理。”命令军机大臣草拟懿旨。到了午后，太后昏昏沉沉，随即去世。仅两天时间，遭到两层国丧，宫中非常忙碌。过了一天，向全国颁发遗诏，办理丧事。摄政王扶持新皇溥仪继位，颁告天下，以来年为宣统元年。

71. 暗杀行动

这时安徽又有人起来闹革命，使京中惊慌异常，后来查探清楚，原来是安徽炮队营官熊成基干的。自从徐锡麟牺牲以后，熊成基心怀不平。炮队营长范传甲与徐锡麟是老朋友。徐锡麟死后，他曾经抚尸大哭，被巡抚看见，幸亏及时逃脱，未遇害。现在听说皇帝、皇太后先后去世，便秘密回到安庆，动员熊成基起事。熊成基答应了。他便立即召集营兵宣布革命，营兵们全都赞成，议定于11月19日晚起事，让部下薛哲在城内接应，时候一

[1]大行皇帝，指皇帝刚去世还未上谥号时的称呼，此处指德宗——光绪皇帝。

到，全队出发，先去枪械室，后到弹药库搬枪弹，装备自己，指望能顺利进城。不料事情泄露，城门关闭，薛哲被人看住，难以出来接应。于是熊成基在沿着城边的小山上架炮轰城，连放几炮，城没有攻破，反而遭到城内还击，死伤了不少人。忽然又听得长江海军，奉两江总督端方的命令，前来增援安庆。熊成基料想不能坚持，只得率领军队退却。在路上听到范传甲谋刺安庆城里大官不成，被抓获处决的噩耗，熊成基只得远走辽东暂躲。宣统二年（1910），载洵出使英国，熊成基想在半途行刺，没有机会，准备等载洵回国时再下手，与石德宽、喻培伦相约共同行事。不料事情未成，即被发觉，熊成基被抓获，解到吉林，巡抚审讯，熊成基供认不讳，英勇就义。

摄政王载沣见国内暂时平静，便想到光绪帝临死时的遗嘱，要他尽力办到的一件事，便召集各亲王大臣们来到醇王府，取出光绪临终前亲笔写的最后一道谕旨："袁世凯处死。"庆王一看说："这事做不得，现在京城兵权，掌握在他一人手中，如果动他，恐怕会使军心激变。听说他现正患足疾，不如给他假期，再作计较。"袁世凯听到风声，就自动以脚病为名，辞去官职，回老家河南项城养病。摄政王见袁世凯已摒除，便调端方任直隶总督，保卫京城。

宣统二年（1910），朝鲜国被日本吞并，国王被废，东亚各国为之震动。各省议政团体，纷纷派代表来北京请愿，要求发兵，被日本发觉，进行干涉，不许中国发兵。

同盟会员汪兆铭[1]，原在日本和东南亚一带追随孙中山从事革命工作。由于武装起义多次失败，他决意回国进行暗杀活动。他潜伏在北京，与同志黄树中一起在前门外开了一家照相馆作为掩护，实际是暗杀机关，打算谋刺摄政王。他们在银锭桥埋设炸弹时，被巡警发觉。带到警察厅，二人都直言不讳。于是移解到民政部，尚书善耆审讯后，报告摄政王载沣。载沣认为他们图谋不轨，应该重办。善耆说："革命党人，我们已重办了不少，他们不怕死，即便把这二人杀了，还是越聚越多，办不胜办。不如将这二人关进监狱，使他们感恩，也许可逐渐消除人民的革命意志。"摄政王同意。便将汪、黄二人送到法部狱中监禁。

汪、黄两人失败。赵声、黄兴等同盟会领导人商议，准备先夺取广东，作为根据地，以便逐步扩展到各省。革命党从南洋等地筹集经费二十余万元，在国外购买了大批军火，恐怕运输途中盘查，就由革命党中的女同志陆续运入广州。他们租了几间较大房屋，门口贴上某公馆或是某某工厂等牌子。又把各种文书及有关告示，如保护外国人告示，照会各国领事文书等准备齐全，以便起义成功后使用。专等时机成熟，发动起义。

72. 广州起义

宣统三年（1911），清政府迫于国内外的压力扬言要预备立

[1]汪兆铭，即汪精卫。

宪，开国会。但是当立宪派请愿要求速开国会时，清政府又指使民政部下令国会请愿团尽快解散，不准在京逗留。如不遵命，立即捉拿查办。各省代表只得出京，议论更为强烈。革命党人见时机成熟，共同推举黄兴为总司令，集合同志，相约于宣统三年四月初一（1911年4月29日）起义。不料铁路工人温生才于三月初八将广州将军孚琦刺杀，当场被捕，审讯后被杀害。黄兴等听到这一消息，顿足慨叹："这次起事又被温生才耽误了。"于是召集同志密商对策，大家的意见不一致，只有黄兴主张提前起义。当时广东省城戒严特别紧，黄兴说："与其捆住手脚等死，不如冒险，或许还有转危为安的希望。"

三月二十九日（1911年4月27日），傍晚六点钟，由敢死队员坐着轿子，装作拜访总督的客人，抬进总督衙门。一进大门，就动手掷炸弹，噼噼啪啪响个不停，炸坏了头门，又炸二门，直冲进内堂。总督府里连家眷都毫无踪影。原来张鸣岐已事先得到风声预先把家眷搬出，衙门里就留他自己一人。这时听到外面的枪声，早已吓得手忙脚乱，刚要派人出去打探，外面报告革命党已进了衙门，巡警扶着他上了楼，窗外就是隔壁当铺的后墙。张鸣岐忙从窗户爬出，逃到当铺里面。当铺朝奉认出他是总督，赶忙接待。张鸣岐又从当铺步行到海军提督衙门，提督李准已经听到总督衙门起火，正要调兵去镇压，不想总督已经穿着便服来了，赶忙出来迎接。总督命他发兵捉拿革命党。李准请总督在书房休息，自己便去调城防卫队赶到总督署，见防守营兵正在与革命党人激战。革命党人士气高涨，眼看营兵要败，李准大喊：

“捉住革命党的人有赏！”营兵听到有赏，精神一振，奋勇战斗。革命党人虽拼命死战，终究因为人少，没有多久，就被杀得大败，中弹而死的很多，被捉住的也不少，只得退却。李准指挥卫队将他们团团围住，不许走脱一个，赶来援助的革命党人也被击退。城里到处搜索革命党人，闹腾了好几天，到四月上旬，方才平静。这次起义使革命党人伤亡几百人。党内自己清点损失，著名首领八十九人牺牲，其中七十二人埋葬在黄花岗。

张鸣岐回到总督衙门，亲自审讯擒获的革命党人，革命党人对自己的所作所为个个毫不隐瞒。张鸣岐命令把这些人一半处以死刑，一半投入监狱。这次起义，只有黄兴、赵声、胡汉民和李燮（xiè）和四人幸免于难，避往香港。这是革命党人在广州的最大流血事件。赵声见起义失败，极为愤恨，吐血而死。在广州镇压起义获胜的捷报传到北京，清政府给海军提督李准奖励：赏穿黄马褂。

73. 保路运动

从此，清政府明里提倡立宪，暗里仍行专制。组织新内阁，命庆王奕劻为内阁总理，徐世昌、那桐为副总理。所有过去内阁尚书、侍郎等官职，全部更改。另外增设海军部，命载洵为海军部大臣；设立军谘府，命载涛为军谘大臣。谘议局联合会[1]上

[1]谘议局联合会，又称议长请愿团，清末立宪派政治团体。

书，声称：内阁责任重大，不宜任用皇亲贵族，请另派大员进行改组。一连上书两次，才得到谕旨答复：任用人的权力是属于君主的，议员们不可随便议论。这道谕旨一颁发，全国舆论大哗。邮传部大臣盛宣怀以提倡铁路国有为名，想把已经商办的铁路收归国有，怂恿摄政王实施。但是百姓商民不肯接受，群起反对。中央谘议机关资政院也奏请政府收回关于铁路国有的成命，盛宣怀不但不理，反而怂恿摄政王狠狠地下了几道谕旨，说什么不准违旨，否则格杀勿论。百姓看了更加愤怒。

特别是四川省，各界民众召开保路大会，进行反抗。恰值端方刚被摄政王免去职务，进京来，花了十几万元托人求情，争取复职。盛宣怀帮他运动疏通，要他去镇压四川民众，如他同意，可望升任四川总督。端方利欲熏心，满口答应，草草收拾行装，立刻动身去四川。将到武昌，听得川民已闹得不可收拾。他想四川总督赵尔丰，听任民众要挟，怎么能当总督。连夜拟好一道奏折，参奏赵尔丰，由文案缮写清楚，第二天就发出去了。随后得到了复旨：命他入川查办。端方便向湖广总督瑞澂（chéng）借兵两队，即日南下。川督赵尔丰，听得端方带兵入川，不觉焦虑起来。

这时外面传进一张自保商榷书来，下列十九人的姓名，其中五人先来进见。赵尔丰看了五人的名片，是谘议局议长蒲殿俊、罗纶和四川铁路股东会员颜楷、张澜、邓孝可等。赵尔丰说："都是这些人作怪，如不惩办，反而会被他们拖累。"于是传令升堂，传这五人进来。五人一看气氛不对，非常惊异。只听得赵尔丰大声道：“你们五人到这里来干什么？”邓孝可说：“来见制军，是为了保路事。听得端方督办带兵入川，求制军上奏朝廷阻拦一下。”赵尔丰说：“你们敢违抗谕旨吗？本制军只知道遵守旨意。”不料这一句话，惹恼了蒲殿俊。他说：“这是朝廷立宪谕旨，制军为什么不遵守？四川铁路归商办，是先皇谕旨，即便当今皇上也是继承先皇遗旨的，哪能容得卖国的奸臣胡作非为呢？”问得赵尔丰哑口无言，恼羞成怒，便说：“你们想保路，必须好好商量。为什么要罢市、罢课，抗粮免捐，这不是谋反吗？”蒲殿俊说：“这是全省民众一致的意见。”赵尔丰随即将自保商権书掷在地上道：“这上面明明写的是十九人，你们五个人领头闹事。难道朝廷立宪，是叫你们造反吗？”五人还想争辩，忽听一声喝令：“将五人拿下！”官兵正要来捆绑，忽听到外面人声沸腾，人人头上顶着德宗的牌位，口口声声要求释放蒲、罗等五人，此举惹恼了赵尔丰，命令卫兵开枪。命令一下，枪声四起，弹如雨点一样射来，伤了前面不少人。民众怒不可遏，拼命闯进衙门。

幸亏成都将军玉崑赶来，先安抚民众，再挤进衙门里面，与赵尔丰商量，不要采取强硬手段，以免引起激变。赵尔丰不听。玉崑不等赵同意，硬将蒲、罗等五人释放，又劝民众回去。赵尔丰怒气未消，竟会同湖广总督瑞澂，联名上奏，说乱民围攻督署，想要闹独立；幸好事前作了防备，把首要分子抓住了。并说如何与匪徒大战七日，满纸都是捏造的谎言。瑞澂听说四川议员萧湘经过湖北，就派人将萧抓起来，解到武昌看管。清政府接到赵的奏折，以为四川大乱，便起用岑春煊前往四川，与赵尔丰会商对乱民的清剿或安抚等事务。赵尔丰听到这个消息，大惊道："前有端方，后有岑春煊，两路夹攻，来夺我的位置了。"连忙写信阻止岑春煊入川，说川事月内可以肃清，不用劳驾了。岑春煊接信，便装病不再前去，暂住武昌，借八旗会馆作为办公地点。

74. 武昌起义

宣统三年（1911）八月中秋，湖北省戒严，说有大批革命党来到武昌。岑春煊毫不在意。听说总督衙门抓获了几个革命党人，他也不派人去探听。直到十九日（即1911年10月10日）那天天黑，还毫无动静。到了半夜一点多钟，忽听到外面噼噼啪啪的响声，接着又是脚步声、马蹄声、枪声、炮声、人声，一片嘈杂。岑春煊连忙起身，走出房间去看，只见外面火光触天，把屋内照得通红。忙问仆人外面发生了什么事？仆人报道："城内兵变。"岑春煊说："恐怕是革命党，我们是来查办四川问题的，对湖北地方闹事没有责任，快走吧。"于是连忙收拾行李，装扮成商人模样，只带了一个皮包，便和仆人出门走了。走到城门口，见守城的兵，手臂上都缠着白布，他也不知是什么意思。混出城来，到汉口搭上轮船，直接回上海去了。这一夜，就是革命党人武昌起义的日子。

原来湖广总督瑞澂于八月初九就接到外务部密电，说大批革命党人，私运军火来武昌准备起事，并动员三十三标作为内应，可能在十五六日发动，希望湖北方面迅速加强防备。瑞澂见了电文，急忙命令第八镇统领张彪分段布防。督署内外，布满巡警、士兵。过了十六日，不见动静，才放下心来。过了一天，他又接到荆襄巡防队电告，说在汉口英租界，抓获革命党人刘汝夔（一名刘复基）、邱和商两人，已经派卫兵押送省城。第二天又接到来电，说在小朝街抓获革命党人八名，其中有女的一名；另外还有陆军宪兵队队长彭楚藩，私通革命党，已把他逮捕。接连三起抓到革命党人多名，当日审问清楚的，立即处死。没有供词的，暂且关进监狱。还搜出印信、公文、名册等多件。瑞澂命张彪看过之后，在军营中按名册逐个捕人，士兵人人自危。

革命党人见形势危急，便暗中联络，约定于10日夜间起事，以放火为号。先到弹药库，搬出子弹，后攻总督署。十九日夜间，瑞澂、张彪还在梦中，一时火光四起，新军第八镇工程第八营，在营正目熊秉坤的领导下，首先发难。起义官兵列队整齐，左臂缠白布作为记号，扯掉肩章，遇到有人拦阻，就一颗子弹送他归西天。到了楚望台，有八旗兵出来拦阻，便以排枪扫射开路，把他们打得踪影全无。然后奔入弹药库，搬出子弹。这时，新军第十五协和工程营也起事，两部分队伍会师在大操场，一起去攻打总督署。遇到督署守兵前来拦阻，起义士兵大声喊道："我们都是同胞，何苦自相残杀。"守兵听到喊话，就加入了起义队伍。

队伍扩大了，起义士兵公推工程营左队队官吴兆麟为革命军临时总指挥，熊秉坤为副总指挥。兵分三路：一路攻凤凰山，一路攻蛇山，一路攻楚望台。占领制高点，然后架起大炮，向总督署射去。起义的士兵，冒着炮火去寻找瑞澂，瑞澂早已携带妻子逃出城门去；再去寻找张彪，他也像瑞澂一样逃得毫无踪影。起义士兵占领了总督衙门，聚集在一起推举首领，士兵们一致推举新军第二十一混成协黎协统为首领。

75. 黎元洪都督

黎协统名元洪，字宋卿，湖北黄陂人，北洋水师学堂毕业，熟悉陆海军战术，以善于治军著称。他平时注意笼络士兵，因此新军士兵对他普遍存有好感。黎元洪在10月10日晚上，曾想用血腥手段镇压起义官兵，后来看到形势不妙，就换上便衣，跑到黄土坡他的部下刘文吉参谋家里躲藏起来。当革命士兵把他从卧室床底下搜查出来的时候，他吓得浑身直打哆嗦。士兵们要他到楚望台去见在那里领导起义的吴兆麟，他不肯；士兵以强硬的口气威胁，他才迫不得已答应。

到了楚望台，他满脸愁苦地对吴说：“你为什么要革命？这是要全家诛戮的事！”“快叫大家各回各营，事情再闹大了，更不得了！”正午时，黎元洪被送到谘议局。当起义首领要他出任都督时，他面色惨白，急得大喊：“我不能胜任，休要害我！”经过吴兆麟的婉劝，张振武等的胁迫，黎元洪仍旧坚决拒绝，不肯就任。一时满座哗然。有人不耐烦了，大声叫骂：“黎元洪太不识抬举了！”这时，有人送来一份预先写好的安民告示，要黎元洪签署。黎元洪用颤抖的声音说：“莫害我！莫害我！”

拒不肯签。李翊（yì）东气得举枪对黎元洪说：“我们不杀你，要你做都督，你还不愿意。再不答应，我就枪毙你。”黎元洪还是不肯签。李翊东就拿起笔来签了一个“黎”字，说：“我代签了，看你还能否认不成。”这样，都督总算推举出来了。经过书记缮写后，一张张安民告示——《中华民国军政府鄂军都督黎布告》，当天贴遍了武昌城。但这个黎都督却变成了“泥菩萨”，整天呆坐着，不言不语，甚至不吃不喝。有人去看他，黎元洪就咕噜一句：“我的脑袋被你们这些人送掉了。”然后就一言不发，盘膝闭目。直到武汉三镇全部被革命军占领，黎元洪才表示倒向革命军一边。

黎元洪出任都督后，便将谘议局改为军政府，请议长汤化龙任民政长。安排妥当，传下密令，命统带（相当于团长）林维新去袭击汉阳城，又分兵过江，占领汉口镇。汉口有各国租界地，军政府照会各国领事，请他们中立，并声明愿保护在华外侨生命财产安全。各国领事见都督办事文明，便声明了三条中立条件。军政府全部承认。于是各国领事宣布中立。

湖北军政府写出声讨清政府的文书，电告全国各省。朝廷得知武昌兵变，派出陆军两镇，由陆军大臣荫昌率领，赶赴前线。所有湖北各军都归他调遣指挥；又命海军加派军舰，由海军统制萨镇冰亲自带领驶向湖北；命程允和率领长江水师立刻增援。瑞澂、张彪二人被撤职，命他二人在限定日期内收复武汉三镇，戴罪立功。

朝廷谕旨传到武昌，黎都督便分派军队，严守武汉，只等北边军队到来便和他们决一死战。由于民军只有四个旅，三个团，两个营，防御力量不足，所以黎都督出告示招兵。不到三天，约有两万人报名入伍。黎都督便命各队长日夜操练新兵。还发出一道剪发的命令，把满清人的标志——猪尾巴似的辫子全都剪去。选定八月二十五日举行升旗仪式，标志民国五族共和的旗帜，为红、黄、蓝、白、黑五色旗。在升旗仪式上，黎元洪和全体起义官兵，都恭恭敬敬向国旗致敬，并和大家一起饮了同心酒。

升旗当天，听到北方派来镇压起义的第二十二团到达汉口，驻扎在江岸。清陆军大臣荫昌带领海军停泊在江心，双方配合夹攻民军，形势紧迫。黎元洪探听到，清朝海陆军已与汉口领事团订约，不损伤租界，并知道清朝海军无用，于是专门对付陆军。二十六日，派遣步兵一团到刘家庙，布置在兵站附近，与张彪率领的清军遭遇。湖北起义军放了一排枪，打伤数十人，清军随即退去，起义鄂军没有追赶。第二天，清军又来，仍然是张彪的军队，但是与河南援兵会合一起来的。革命军的督战员是何锡蕃，暗下传令：军队散开，匍匐前进，与河南来的援兵接火交战。双方激战数小时，河南兵败退。不一会儿，清军又来进攻，仍然败退。入夜，又在江心激战，战舰开炮，掩护陆军作战，民军向江心开炮，命中战舰，船身受伤，驶离而去，其余各舰也跟着退走了。第二天发现这些军舰都驶回了九江。第三次开战，民军又胜，缴获枪支弹药、军饷银两不计其数。第四次开战再胜，缴获机关枪一挺。第五次战斗，清军大半缴械投降。鄂军经过这五次战斗，便将胜利捷报电告全国，各省接到电报，纷纷响应起义军，几十个州县，竖起白旗。

八月三十日，湖南民军起义，驱逐巡抚余诚格，杀死统领黄忠浩。陕西省也举起义旗，领导起义的是第三十九混成协司令部参谋兼二标一营营长张凤翔和西安同盟会领导人钱鼎等，他们都是留学日本士官学校的毕业生。其他军官中，有自杀的，有被杀的，还有逃跑的。在九江领导起义的是新军五十三标标统马毓宝，驱逐了九江道员保恒和知府璞良。九江是江西全省主要防守要塞，要塞失守，全省震动。新军攻下省城也就是顷刻间的事了。

76. 袁世凯复出

各省危急的情况，不断飞报到北京，摄政王急得手脚冰冷。庆王说："要平定乱事，非起用袁世凯不可。"摄政王沉默不语。庆王又说："不用袁世凯，大清就完了。"载沣没有办法，不得已下谕旨授袁世凯为湖广总督，并将盛宣怀撤职。过了两三天，袁世凯复电，推托称病不肯出来。庆王说："授他为钦差大臣。"命冯国璋统率第一军，段祺瑞统率第二军，还有长江海军，统归袁世凯指挥。袁世凯还是推托，说脚病没有痊愈。摄政王说："老袁是对上次光绪遗诏的事不满，不愿奉召就职。"这时广州来电，说广州将军凤山，被革命党人炸死。摄政王十分害怕，不得已命大臣荫昌亲到河南项城，请袁世凯出来就职。袁世凯见荫昌亲自来请，只得答应。荫昌告别袁世凯，回到信阳州，与部下合计道："现在革命军气焰很高，打仗时我们先挂起白旗，等待他们走近时，再枪炮齐发，可以一鼓作气把他们消灭掉。”部下官兵，按照他的计策行事。待湖北革命军到来，他们果然挂起了白旗，革命军不知是计，没有防备，只一仗就被他们打死好几百人，只得退回汉口。荫昌十分得意，向朝廷报捷，朝廷下谕旨，给予嘉奖。岑春煊见局势不好，向朝廷上书请求辞职。摄政王载沣见老臣都托辞不干，硬留下也不起作用，只得催促袁世凯赴湖北前线。于是袁世凯从河南老家动身去了湖北，与荫昌会合。荫昌将兵符印信文件等交代清楚，回北京复命去了。

袁世凯一到职，部下官兵士气一振，冯国璋又由南京来到汉口，与民军对峙，冯国璋下令官兵开火，民军寡不敌众只得退走。清兵在胜利的形势下，无所不为，放火烧毁大片民房。正在得意之际，不料民军派敢死队杀来，个个奋勇善战，无不以一当百，且民军后援部队相继而来，杀得清兵大败，死伤三千多人。清兵非常痛恨，正想整队报复，忽然袁世凯下令，不许军队擅自行动，胡作非为，如以后不听命令，擅自行动，即按军法从事。各路官兵，不知是什么意思，只得服从命令。原来袁世凯琢磨：现在革命党气势正旺，怎么能杀得尽，不如灵活办理，改剿办为安抚，以和平代替战争。如果用安抚和解的办法，须先向清政府提出几条要求，才好进行。于是向朝廷呈上一道奏章，大意是召开国会，改为立宪政体，罢斥皇族内阁等。

摄政王接到这封奏折，一时摸不清袁世凯的真正意图。正沉思间，各省报告纷纷送到：山西省独立，巡抚陆钟琦被打死，阎锡山当了都督；江西推举协统吴介璋为都督；云南省响应武昌起

袁世凯像

义军，逼走巡抚李经羲，推举协统蔡锷为都督，与江西省同时独立。摄政王见到这些警报，急得不知所措。大臣们见局势危急，纷纷辞职。京城中各部机关，十室九空。摄政王见大清朝落到这种地步，实在是欲哭无泪。

庆亲王一心想依靠袁世凯，便把内阁总理的位置自动让出，劝摄政王听从袁世凯的意见。摄政王只得下谕旨，让袁担任内阁总理，并取消内阁暂时章程，叫他在湖北把事情安置妥当，就到京城就职。资政院的老臣们请摄政王先下罪己诏，允许不同政见的党派合法存在，以便共同修改宪法。摄政王采纳了老臣们的意见。于是由资政院草拟宪法十九条，定于十月十六日颁布全国，并到太庙宣誓。无奈民众的革命意识日益高涨，任凭你想出什么办法，全都反对。

77. 独立浪潮

上海机器制造局，被革命党人陈其美占领。大家推举陈其美为沪军都督。各地都起来响应，到处竖起白旗，表示归附革命军。十一月四日晚，革命党人派了几十个士兵，到苏州兵营去活动，号召官兵起来革命，大家都表示赞成，起而响应。天亮时，和上海来的士兵们一齐开进城去。江苏巡抚程德全，被大家胁迫着宣布独立。他也就此被推举为江苏大都督。接着，杭州独立。在攻打杭州抚台衙时，光复会女会员尹维峻，手提炸弹，身先士卒，首先扔出，极为英勇。不少官兵归附了革命党。推举宪兵营督队官童葆暄为临时司令。第二天在省咨议局开会，选举议长汤寿潜为都督。这时长江流域各省大半都已掌握在革命军手中。

正在欢庆胜利的时候，贵州省独立的电报传来了，由贵州陆军小学校总办杨荩诚为都督。湖南早已宣告独立，推举谘议局议长谭延闿为都督。这时，驻扎在信阳的钦差大臣袁世凯，接到了摄政王叫他回北京当内阁总理的谕旨，便派遣蔡廷幹、刘承恩两人到武昌，和黎元洪都督谈判和平。黎元洪提出要清朝皇帝退位，才能答应谈判。蔡、刘两人再三再四和他商量斟酌，请他不要提先决条件，黎元洪和民党首领终究没有同意。他俩只好把情况回报袁世凯。袁世凯见和议不成，就密令冯国璋、段祺瑞两统领严密防守，自己乘车回北京了。

袁世凯还没有到京，新内阁向太庙宣誓就职的期限已到，便由摄政王率领各大臣到太庙焚香磕头，将新订宪法十九条祭告清朝历代皇帝，并宣告全国各地臣民。但民心不肯听命这个君主立宪的做法。两广、安徽、福建，都先后独立。广西的独立，是由巡抚沈秉堃提出的，于是公推他当都督，原来的军队，都改称广西国民军。安排妥当以后，沈秉堃自愿离开广西北上，把都督的大印让给了王芝祥和张荣廷两人，自己带了家眷回原籍长沙去了。广东也相继独立，起先推举张鸣岐为都督，龙济光为副都督，然而去把印信送往都督府的时候，张鸣岐不知哪里去了，龙济光也不愿意任职，后来就又推革命党人胡汉民为都督。当时因胡汉民才离开湖北，还没有到达广东，就推举协统蒋尊簋（guǐ）暂时代替。胡汉民到达以后，才把印信交给他。

这时，南方各地，只有南京和福建省还没有独立，各省组织起来的联军，准备进行讨伐。

福建的革命党人设法争取驻闽新军第十镇将领。该镇统制孙道仁决心率军起义反正，和谘议局副议长刘崇佑互相联络，联合行动。于八日向总督松寿和福建将军朴寿摊牌。这两人都是满族官员，坚决不同意，民军得知他们要反抗，决定当天晚上起义，武力占领各要害部门。松寿见大势已去，便自杀了。朴寿率领旗兵和起义军对抗。起义军奋勇登上于山，居高临下，将满族兵杀退，朴寿被起义军打死，旗兵只得投降，福建独立。

江南第九镇统制徐绍桢已于11月8日起义，这时被推举为江浙联军总司令，攻打南京。清军方面，两江总督张人骏、江宁将军铁良、江南提督张勋，率领士兵抵抗。无奈各省都已独立，只剩下南京一个城市，怎么抵挡得住？只好拍电报向袁世凯告急求援。袁总理复电只有“无兵可拨”四个字。张勋接到回电后说：“既然没有援兵，守住了这座孤城有什么用？”联军中的淞军司令黎天才攻得很猛烈，幕府山、狮子山的各个炮台都已经失守，士兵被打死了一千多人，越想越难守。张勋对张人骏、铁良说：“与其把守这座孤城，不如带了队伍往北走，再作长远打算。”于是派部将胡令宣出城求和，向联军方面提出四点要求。第二天联军总司令作了答复，同意了三条，但对张勋要求率领军队回北方这一条没有同意。张勋得知后大怒，带领士兵又打了起来。但见四城门火起，张人骏等都躲避到外国领事馆中。张勋只得命令部下官兵扯起白旗投降，自己席卷库存所有银钱，从旁门逃出。待民军入城，已经空无一人，南京城光复。推举林述庆为临时大都督。

各省纷纷独立，山东也不例外。对庆王来说，山东独立，对他震动不小。因为山东巡抚孙宝琦，和他是儿女亲家，他总认为山东是靠得住的。谁知亲家迫于形势，也效法各省，通电宣告独立。才确实感到大势已去，无可挽回了。不仅地方各省纷纷独立，海军各种舰艇，共十九艘，也都附和革命军方面了。摄政王所听到的是到处独立的消息，毫无一点希望。唯有庆王仍在盼望袁世凯赶快回北京。袁世凯却并不着急，一路上走走停停，过了好几天，才到达北京。相见以后，袁谈到黎元洪不肯议和等情况。摄政王说："既然不肯和，想必还得打。"袁总理说："打仗没有钱，怎么打啊！"庆王说："太后手里现有宫中遗留下来的积蓄，请摄政王进宫去要点出来。"袁总理表示赞成。摄政王进宫，把来意向隆裕太后奏明以后，太后只得拿出若干万给摄政王，让他转交给袁世凯组织内阁。原以为重新组织内阁的谕旨，一旦颁发，各方人士自然会立刻拥护，聚集在新内阁周围，群策群力。哪知事实恰恰相反，人们对此毫无反应。新任内阁各部人选，连个人影都找不到。

78. 南北议和

袁世凯见组阁不成，把太后给的宫内积蓄运往湖北前线。命北洋第一军统领冯国璋，第二军统领段祺瑞二人率领军队南下攻打汉阳。冯、段两人尽力与鄂军作战。鄂军总司令黄兴指挥士兵攻击清军，激战两昼夜，清军大败，梅子山一带，都被鄂军占领。冯、段二人设计，命令清军士兵改着鄂军服装，去袭击美娘山，鄂军以为是援军到来，放松了戒备。被清兵杀得大败，及至弄明白，中了清军计谋，已经来不及了。民军接连丢失雨淋山、龟山和汉阳城。黄兴司令见情况不妙，赶紧到上海求援去了。黎都督唉声叹气，埋怨黄兴丢了汉阳。只得亲自出城对民军安抚、慰问一番，并告知黄司令已去搬援兵，很快就到，请大家放心，军心稍为安定。

冯国璋、段祺瑞夺回了汉阳，随即向北京朝廷报捷，亲王、大臣们眉头舒展，又高兴起来。唯独袁世凯不露声色，心中另有一番打算。黄兴回到上海，准备召集各省民军，组成联军去援救湖北，召开军事大会，联军各代表公推黄兴为大元帅，黎元洪为副元帅。黄兴就职后，正准备派兵去湖北，忽然传来清政府委派袁世凯为全权议和大臣。他预料战事即将结束，决定暂缓派兵。

袁世凯当上全权议和大臣后，就委派唐绍仪为议和代表去湖北。唐绍仪到汉口会见黎元洪，先发表看法，后倡导南北议和。黎元洪道："现在黄兴已被推举为大元帅，一切军事由他作决定。"于是唐绍仪又去上海。这时法学博士伍廷芳，已被代表们推选为南北议和民军方面的代表，一切需要商议决定的事情都由他主持。于是借上海市政厅为会议地点，于12月18日开始南北议和会谈。会议在究竟实行君主立宪，还是民主共和等问题进行争论。

这时英、美、日、俄、德、法六国在上海的总领事以调解为名，进行干涉，实际是向革命党人施加压力，要求做出让步，尽快结束战争，以免他们的商务利益和侨民受到损失。革命党人内部也出现了妥协苗头，对袁世凯的面目认识不清。早在议和之前黄兴曾明确表示，只要清帝退位，结束专制，袁世凯拥护共和，就可把临时大总统一职让给袁世凯。袁世凯得到这一则权力让予的信息，心中暗喜。表面上让唐绍仪在上海力争君主立宪，实际他自己在北京朝廷面前以南方谈判要求共和为要挟，为逼迫小皇帝退位预作准备。

79. 最后的诏书

正在南北议和争执不下的时候，宣统三年十一月初六日（1911年12月25日），孙中山从欧洲回到上海，各省代表对这位革命元勋带着海外华侨的捐赠归来大为欢迎。29日，十七省代表们齐集一起开大会，孙中山以十六票（每省投一票）胜出，被选为临时大总统，黎元洪被选为副总统，随即电告各省。于十一月十三日（1912年元旦）在上海组织成立中华民国临时政府。孙中山立即赴南京上任。当天午后，到达南京，各国领事和社会各界前来欢迎，进入总统府。由各省代表呈上大总统印章，孙中山起立接受，成立中央政府作为行政机关，并由各省代表组成临时参议院，作为立法机关。通电各省，改用公历。仿照美国的总统制，各部设总长、次长，民国政府正式成立。

这一举动使北京的袁世凯大为恼火，他不仅命令唐绍仪辞去代表职务，停止南北和议谈判，而且公开质问南京临时政府：国体问题还没有议妥，匆忙选举总统是什么用意？临时政府中的立宪派议员纷纷为袁世凯出谋划策；各国外交官员也来向南京临时政府施加压力，为袁世凯助威。孙中山回国之初，原想要坚持革命到底，不主张议和，但在国内外势力夹攻下，面对革命同志内部的涣散状态和既成的议和事实，他无能为力了，随即电告袁世凯：只要清帝退位，宣布共和，本人当立即宣布辞职，大总统一职，非君莫属，临时政府决不食言。袁世凯方始吃下一颗定心丸。便着手按照民军方面提出的四项条件，大致为：一、清朝皇帝退位；二、改为民主政体，总统由选举产生；三、优待清朝皇室；四、酌量安置满族人，向清廷皇室方面进行工作去了。

清皇室方面，摄政王载沣，早在袁世凯当上内阁总理大臣时，感到自己已经大权旁落，也就不再想当徒有虚名的监国，辞去职务，退居家中，不问政事。隆裕太后命袁世凯全权办理南北双方和、战事务。这时袁世凯又电令唐绍仪恢复和议，唐复电：请召开国民会议，先解决国家政体问题。袁世凯将唐绍仪的意见转告皇族及大臣们。皇族不答应。唐绍仪提出辞职。议和谈判由袁世凯亲自处理。

这时，各地纷纷传报：四川总督赵尔丰被杀；新疆将军志锐被杀；陕甘总督长庚被杀；蒙古、西藏独立。一连串的坏消息，袁世凯一一奏告太后，建议依了唐绍仪的建议，召开国民会议，解决国家政体问题。太后犹豫不决。袁世凯表示，如不同意，他也就只好辞去议和大臣职务不干了。太后没有办法，命庆王去竭力挽留，并决定召开御前会议商量对策。王公大臣们已被接连不断的被炸被杀事件吓得胆战心惊。特别是反对南北议和、反对清帝退位最激烈的皇族宗社党首领良弼于1月26日在北京被同盟会员炸死这一事件，吓得不敢出门，有的准备逃离北京，哪个还敢反对清帝退位？隆裕太后迫不得已，授权袁世凯与民国伍廷芳代表商谈清室优待条件。汪兆铭作为民军和谈代表伍廷芳的助手，参与商谈和议条件，主张对清室的优待条件格外丰厚，呈上隆裕太后过目盖上大印，袁总理也在后面签上自己的名字。

隆裕太后下了清朝最后一道谕旨：皇帝退位诏书，于宣统三年十二月二十五日，也就是中华民国元年（1912）2月12日颁发全国，清朝统治，到此宣告结束。

（此原书第四十一回至第四十八回）

清世系表

（1616—1911）

（1）太祖爱新觉罗·努尔哈赤（1616—1626）——（2）太宗爱新觉罗·皇太极（1627—1643）

（3）世祖爱新觉罗·福临（1644—1661）——（4）圣祖爱新觉罗·玄烨（1662—1722）

（5）世宗爱新觉罗·胤禛（1723—1735）——（6）高宗爱新觉罗·弘历（1736—1796）

（7）仁宗爱新觉罗·颙琰（1796—1820）——（8）宣宗爱新觉罗·旻宁（1821—1850）

（9）文宗爱新觉罗·奕詝（1851—1861）——（10）穆宗爱新觉罗·载淳（1862—1875）

（醇亲王奕譞）

（11）德宗爱新觉罗·载湉（1875—1908）

（醇亲王载沣）——（12）爱新觉罗·溥仪（1909—1911）